古典文獻研究輯刊

十一編

潘美月・杜潔祥 主編

第 2 冊

王安石對於典籍之詮釋與應用

林菁菁 著

國家圖書館出版品預行編目資料

王安石對於典籍之詮釋與應用／林菁菁 著 ─ 初版 ─ 台北縣
永和市：花木蘭文化出版社，2010〔民99〕
目 2+140 面；19×26 公分
（古典文獻研究輯刊 十一編；第 2 冊）
ISBN：978-986-254-289-7（精裝）
1.（宋）王安石 2.學術思想 3.詮釋學 4.王安石變法
125.16   99016379

ISBN - 978-986-2542-89-7

古典文獻研究輯刊
十一編　第 二 冊　　　　　　ISBN：978-986-254-289-7

王安石對於典籍之詮釋與應用

作　　者　林菁菁
主　　編　潘美月　杜潔祥
總 編 輯　杜潔祥
企劃出版　北京大學文化資源研究中心
出　　版　花木蘭文化出版社
發 行 所　花木蘭文化出版社
發 行 人　高小娟
聯絡地址　台北縣永和市中正路五九五號七樓之三
　　　　　電話：02-2923-1455／傳真：02-2923-1452
網　　址　http://www.huamulan.tw 信箱 sut81518@ms59.hinet.net
印　　刷　普羅文化出版廣告事業
初　　版　2010 年 9 月
定　　價　十一編 20 冊（精裝）新台幣 31,000 元

版權所有・請勿翻印

王安石對於典籍之詮釋與應用

林菁菁　著

作者簡介

林菁菁，台灣省，桃園縣人。就讀於國立東華大學中國語文研究所博士班。曾任東華大學中國語文學系兼任講師。現任私立淡江大學中文系兼任講師。研究領域包含，中國經學、中國學術史等。著有學術論文《王安石對於典籍的詮釋與應用》與新詩讀本《讀新詩遊台灣》等。

提　　要

　　中國的歷史人物之中於身後遭到正反二面不同的評價，宋代的王安石是一個典型的代表文人之一，探究其原因，不外是王安石輔佐神宗變法維新，在北宋的政壇與學術界造成巨大的影響，因此在其身後，不論是熙寧變法，新舊兩黨的新法爭執問題，或是王安石著作《字說》與《三經新義》等作品的評價，從宋明清三代至於今，許多的爭議未然有一個定論。

　　本文嘗試將（黨爭與王安石所詮釋的典籍）兩者的發展相互結合來看，亦即將學術議題與文獻的發生合併一起研究，試圖探論王安石變法與黨爭有什麼樣的關連性？並且與王安石所詮釋之典籍又有什麼樣的關係？意圖透過學術史與文獻學之結合，觀察典籍文獻在產生與演變的過程中，其學術誘因以及演變發展的趨勢。

　　故本文共分為以下五章：

　　第一章：緒論。闡述論文問題意識之形成，研究範圍與進路之提出。

　　第二章：從典籍文獻的成書時代背景，探索其學術意義。首先從當時之學術背景，即王安石變法相關爭議的議題入手，釐清黨爭與王安石對於典籍文獻的詮釋是否有關連。分作四小節考察王安石典籍詮釋的學術成因。第一節從學術與政治之間的關係，引出黨爭與王安石典籍詮釋可能的關連之處。從第二節與第三節開始，則分別就新法爭議的議題作相關的討論，從學術背景因素上討論王安石典籍詮釋與黨爭的關係為何？第四小節，則從北宋疑經的風氣的考察，觀察王安石對於疑經的態度與立場為何？試圖通過上述四個小結的論述，說明王安石對於典籍之詮釋與應用與其學術背景的關連之所在。

　　第三章：從黨爭與王安石典籍詮釋的關係，過渡至王安石對典籍之詮釋實際內容考察。首先，從王安石變法初期所詮釋典釋〈洪範傳〉入手，觀察此一文獻之產生與黨爭的關係。分成二節討論，第一節探討王安石變法取用《尚書·洪範》此一文獻的學術誘因為何？第二小節，探索王安石在政治上如何賦予新義於〈洪範傳〉，對於宋代洪範學有著什麼樣的衝擊與影響。

　　第四章：從王安石變法後期所詮釋之典籍，亦即《三經新義》中由王安石親手所撰之《周官新義》為代表，欲試圖從《周官新義》的成書時代背景，來重新考量他的宋代學術史上的意義。

　　第五章：結論。本題的研究將以上述五章之架構，論述王安石對於典籍之詮釋與應用。其特殊之意義在於試圖從典籍詮釋的角度入手，從典籍成書的時代背因素，重新思考其在北宋學術史上的意義。以期解決北宋學術史兩個重要的論題：

　　一、從王安石變法維新對於典籍詮解的學術背景因素入手，重新反省並提出北宋新舊黨爭的基源問題。

　　二、王安石對於典籍之詮釋與應用，我們可以重新探討一部典籍文獻在產生與演變的過程中，對於學術之影響及其意義。

目

次

第一章 導 論

第一節 文獻學與學術史的相互結合

「文獻學」作爲一專門學科，是近代的事。但是關於文獻學的內容及範圍該如何去界定，並沒有一明晰的說法。張舜徽在《中國文獻學》中提出對於古代文獻的看法：「我國古代，並無所謂文獻學，而有從事於研究，整理歷史文獻的學者，在過去稱之爲校讎學家，所以校讎學成了文獻學的別名」。此外，王欣夫於其所述的《文獻學講義》提出：「文獻學的三個內容：一、目錄。二、版本。三、校讎。」綜合上述兩者學者的看法，我們若僅將目錄、版本、校讎視爲研究文獻學的基礎學科，範圍似乎狹窄了一些。因爲在實際從事文獻的考察時，所涉及的知識卻不僅僅只是書目、版本、校讎的知識而已。以宋代爲例，舉二個例子來說，我們從書目當中觀察出，讖緯類的書籍從東漢以來有逐漸增多的現象，但到了宋代的《崇文總目》讖緯類被經部被移除，也就是不列此類的圖書，其後《郡齋讀書志》與《遂初堂書目》承其例，直到南宋《直齋書錄解題》讖緯類才又重新回到經部底下。爲何在宋代讖緯類會有此種分合的情形，此一問題不是單純的從目錄、版本、校讎的就能尋得合理的詮釋；因爲讖緯的問題，牽涉到政治史、文化史、或是學術史的範圍，必須從政治、文化、學術的層面多方的考察，才能求得一較完整的解釋。又例如，從漢代劉歆《七略》開始，《孟子》被放置於諸子略的儒家類當中，但是到了宋代《孟子》一書的位置有了改變，《遂初堂書目》將其從子部儒家類提出，置於經部之下。陳振孫《直齋書錄解題》並且於經部底下成立語孟類，

收《論語》《孟子》等著作。同樣的，可以推求的是，《孟子》一書爲何在宋代會從子部被獨立出來而置於經部底下，此一問題的探索，我們可以追溯到北宋王安石的變法，改革唐以來的科舉制度，首先將《孟子》列爲科考項目的原因談起，《四庫全書總目提要》在《湛淵靜語》一書的案語下，言王安石與《孟子》的淵源說道：「唐以前孟子皆入儒家，至宋乃尊爲經。元豐末，遂追封鄒國公，建廟鄒縣，亦安石所爲。」從上述兩例的觀察，我們可知若僅將文獻學的研究，放在書目、版本、校讎等學科的考察顯然是不夠的，因爲各種文獻的形成與演變的過程是相當複雜的。

如何從事文獻學相關的研究，周彥文先生於《中國文獻學》一書序文提出：「文獻之所以能成爲一門學科，關鍵即在於我們由文獻本身，可以抽離出文獻在產生與演變的過程中，它背後的學術誘因及發展趨勢，因爲，任何類型的文獻，都不可能在任何背景因素下孤立產生。」基於此點，文獻學的研究範圍，就不止於文獻類型的介紹，或是典籍內容的說明，應該是各個朝代文獻的產生和演變的探究，及其和學術史之間的相互影響，探索各類型文獻在學術思想變遷中所呈現的意義。因此，從事文獻學的研究，由目錄學開始至文獻學而達至整個學術史研究，應是可以相互結合的一條研究路徑。

第二節　問題意識的形成

中國的歷史人物之中於身後遭到正反兩面不同的評價，宋代的王安石是典型的代表文人之一。探究其原因，不外是王安石輔佐神宗變法維新，在北宋的政壇與學術界造成巨大的影響，不論是熙寧變法，新舊兩黨的新法爭執問題，或是王安石的著作《字說》與《三經新義》等作品的評價，上述諸項爭議與王安石之功過，從宋明清三代至於今，許多的說法未然有一個定論。

就現今學術史的相關著作之中，對於北宋王安石之變法及其詮釋典籍之原因，經常是直接訴諸於政治、經濟之歷史環境等客觀之因素，說明其學術上發生的原因。最常被提及的說法有《宋史·王安石本傳》：「安石議論高奇，能以辨博濟其說，果於自用，慨然有矯世變俗之志」、「經術者所以經世務也，但後世所謂儒者，大抵多庸人，故世俗皆以爲經術不可施於世務者也。」據此而論王安石變法維新爲宋代經世致用的典範。此外，亦有從經學史的面向，探討王安石所詮釋的典籍，論述其源流及演變的情形。然而我們回歸於史籍

之記載，這裡至少存在者兩個懸而未決的問題。其一，若王安石變法出於經世致用的需求，則爲何會引起司馬光等諸儒的強烈反對？司馬光等人反對變法的原因是什麼？史料中詳載著，他們不但反對變法，並且詆毀王安石所詮釋的典籍？因此，欲究王安石對於典籍之詮釋與應用，黨爭的問題是一個無法迴避的根源問題。北宋的新舊黨爭從神宗熙寧元年（西元 1068 年）至欽宗靖康元年（西元 1126 年）歷時五十餘年，兩黨之爭綿延五十餘年之久，是北宋學術發展中一個相當重要的環節，與王安石變法維新是否有關連性？若有，則其關連性爲何？其二，若能先釐清第一個問題，皆下來我們據史籍的記載，王安石所詮釋之典籍乃是黨爭最激烈時所著成，例如變法初期所詮釋之〈洪範傳〉與後期所詮釋之《周官新義》、《詩經新義》、《尚書新義》這些典籍，皆是在黨爭期間所寫成的，與黨爭是否有關連性？若有，則其關連性爲何？

　　本文便是在這些問題的糾結之中，提出學術研究的理由：因爲若從單一學術史角度或是經學史之角度，並無法有效解決上述的疑問。因此本文嘗試將（黨爭與王安石所詮釋的典籍）兩者的發展相互結合來看，亦即將學術議題與文獻的發生議題一起研究，試圖探論王安石變法與黨爭有什麼樣的關連性？和王安石所詮釋之典籍又有什麼樣的關係？進而探索王安石所詮釋之典籍於宋代學術界扮演什麼樣的角色？本文意圖透過學術史與文獻學之結合，觀察一部典籍文獻在產生與演變的過程中，其學術誘因以及演變發展的趨勢。

第三節　研究範圍與路徑的提出

　　本文所謂的「典籍」其意義有二：一指廣義的典章制度之書。如《左傳》昭公十五年有「司晉之典籍」，這裡的典籍指的是典章制度，而後代凡所謂典章制度之書，皆可以稱之爲典籍。其二，指狹義的儒家六藝之經典。自戰國末年孔子講學於民間，以六藝設教。逮至漢興，漢高祖馬上得天下，不事《詩》、《書》不喜儒生，六藝經典不受重視。直到漢武帝立五經博士，尊崇六藝之學，後至漢宣帝時，六藝方成爲儒家之典籍。漢武帝時，設有博士專治各經，用以科舉取士。自此之後，中國儒家的六藝經典，影響中國幾千年來的學術發展直至今日。而王安石對於典籍的詮釋與應用，最重要者，並影響後代最深遠者，乃屬《周官新義》、《尚書新義》、《詩經新義》三部經典，則屬於傳

統儒家經典的範疇。因此，本文此處採取「典籍」的第二義，即狹義的儒家經典之義，作爲本文詮釋的重心。

北宋王安石對於儒家典籍的重新詮釋，對宋代的學術發展具有重大的影響力。以《三經新義》而言，據《宋史‧神宗本紀》所載，神宗熙寧八年，立王安石新經義頒於學官：「六月己酉，頒王安石詩、書、周禮義于學官，是名三經新義。帝嘗謂王安石曰：今談經者人人殊，何以一道德？卿所著經，其以頒行，使學者歸一。」當時天下號曰：「新義」。從此以後，王安石《周官新義》《尙書新義》《詩經新義》三部經典，學者爭相傳習之，成爲科舉利祿必讀之書，據全祖望於〈荊公新學略〉所載「必宗其說，稍異，輒不中程。」《三經新義》成爲士子爭相傳誦之書。元豐八年（西元 1085 年）神宗崩，哲宗即位，由太皇太后高氏臨朝輔政，罷王安石新法，重用舊黨司馬光等人，欲廢王安石新經義，但當時新經義已流傳十餘年，宋代官學及民間私學盡是此書，於是下詔應試經文之時：「兼取注疏及諸家議論，或出己意，不專用王氏學。」後來，哲宗親政以後，因排斥舊黨，《三經新義》又恢復正統官學的地位，一直持續至北宋末年。過渡到南宋初年，由於偏安及亡國的局勢，趙鼎等人追究北宋亡國的原因，怪罪於安石的學術及政事而起：「紹聖以來，學術政事敗壞殘酷，至禍社稷，其源實出於安石，今安石之患未除，不足以言政」。其《三經新義》成爲禍亂天下的罪證之一，然當時王安石的新經義仍然有其影響力，與二程之學說並行，因此宋高宗於紹興二十六年下詔：「科舉取士，毋拘程頤、王安石一家之說」。理宗時，由於極力提倡程朱之學，理學成爲官學，士子所讀者多爲《四書》、《近思錄》之類。從北宋至南宋二百餘年間，新經義的流傳受到科舉以及黨爭之故，其爭議未曾間斷過。

從上述《三經新義》在南北宋演變的概況來看，可以看出王安石所詮釋的典籍對宋代的影響力，其對於科舉制度的影響、學官的廢立、與新舊黨爭的發展，都具有舉足輕重的地位，其重要性不言可喻。因此本文以王安石典籍詮釋的議題爲主要關懷的重心。

而本文的研究範圍，在變法方面，北宋由王安石所主導的熙寧變法，從熙寧元年王安石入朝爲翰林開始起算，至元豐八年王安石辭世，共有十八年。因此關於變法的討論，主要以此十八年之中的史料，爲主要論述的範圍。

在王安石的著作方面，今可得知者約有二十七種，《新經周禮義》二十二卷、《新經詩經義》二十卷、《新經尙書義》十三卷、《建康酬唱詩》一卷、《唐

百家詩選》二十卷、《四家詩選》十卷、《送朱壽昌詩》三卷、《維摩詰經》（卷數未錄）、《南郊式》一百十卷、《熙寧詳定編敕》二十五卷、《王氏日錄》十二卷、《熙寧奏對》七十八卷、《字說》二十四卷、《通類》一卷、《左氏解》一卷、《洪範傳》一卷《易解》十四卷、《論語解》十卷、《孝經解》一卷、《新編續降並敘法條貫》一卷、《英宗實錄》二十卷、《老子注》二卷、《臨川集》一百卷、《楞嚴經疏解》、又有與其子雱、弟子許允成合著的《孟子解》四十二卷、《考工記解》二卷、《老杜詩後集》（卷數未錄）。〔註1〕但由於散亡缺佚的情況嚴重，今可見者有《臨川集》一百卷、《洪範傳》一卷、程元敏輯《新經尙書義》、《新經周禮義》《新經詩經義》、另有《王荊文公詩李璧注》、《唐百家詩選》、容肇祖輯《老子注》八種。

　　在研究的取樣上，考索於史料，王安石的學術發展大致可分成前後二期，從仁宗慶曆二年，王安石登第進士爲淮南判官算起，至英宗治平四年，入朝爲相，稱爲前期。神宗熙寧元年，王安石入朝爲翰林學士、熙寧二年爲中書平章事，得神宗重用開始變法，從熙寧元年至元豐八年，王安石卒，這段期間稱爲後期。因受限於王安石論著散佚情形，因此，本文在取樣上，擇取前後兩期比較重要，且現存之著作，〈洪範傳〉與《周官新義》作爲主要研究之對象。

　　因此，本論文所採取之研究步驟，可以分成兩個部分：

　　第一部份是以王安石典籍詮釋的學術成因爲主要開展的討論。從典籍文獻成書的時代背景上，亦即還原到當時變法相關議題的討論上，探論王安石典籍詮釋的學術誘因爲何？藉由探源的過程之中，逐次建立黨爭與王安石典籍詮釋的關連性。

　　第二部分，在建立黨爭與王安石典籍詮釋的關連性後，以王安石對於典籍之詮釋與應用，探討典籍文獻在產生與演變過程中，對於宋代學術之與影響及其意義，試圖循此途徑建立王安石典籍詮釋之意義。故本文之章節安排爲：

　　第一章：緒論。闡述論文問題意識之形成，研究範圍與進路之提出。

　　第二章：從典籍文獻的成書時代背景，探索其學術意義。首先從當時之學術背景，即王安石變法相關爭議的議題入手，釐清黨爭與王安石對於典籍文獻的詮釋是否有關連。分作四小節考察王安石典籍詮釋的學術成因。第一

〔註1〕關於王安石的相關著作，請參見于大成〈王安石著述考〉，台北，《國立中央圖書館刊》，新一卷第3期。

節從學術與政治之間的關係，引出黨爭與王安石典籍詮釋可能的關連之處。在論文的操作上，我們還原至當時的學術背景，即王安石變法時期司馬光等人與王安石各項新法的爭議來看，（可以參酌附錄，新舊黨人學術觀念對照表），在羅列相關文獻及其比對各家言論之後我們發現，兩者存在著學術思想觀念上的差異現象。因此從第二節與第三節開始，則分別就新法爭議的議題作相關的討論，討論王安石典籍詮釋與黨爭的關係為何？第四小節，則從北宋疑經的風氣的考察，觀察王安石對於典籍的態度與立場為何？試圖通過上述四個小結的論述，說明王安石對於典籍之詮釋與應用及其學術的關連之所在。

第三章：從黨爭與王安石典籍詮釋的關係的探討，過渡至王安石對典籍之詮釋實際內容考察。首先，從王安石變法初期所詮釋典籍〈洪範傳〉入手，觀察此一文獻之產生與黨爭的關係。據《續資治通鑑長編》的記載，王安石曾於神宗熙寧三年（西元 1070 年）重新刪潤改寫舊有的〈洪範傳〉上呈神宗，值得注意的是從英宗治平時期至神宗熙寧三年，當中經歷六七年的光景，王安石為什麼要重新改寫〈洪範傳〉，與當時積極推動的變法是否有著什麼樣的關連。準此觀點作為切入的考察點，並分成二節討論之，第一節探討王安石變法取用《尚書・洪範》此一文獻的學術誘因為何？第二小節，探索王安石在政治上如何賦予新義於〈洪範傳〉，對於宋代洪範學有著什麼樣的衝擊與影響。

第四章：從王安石變法後期所詮釋之典籍，亦即《三經新義》中由王安石親手所撰之《周官新義》為代表，欲試圖從《周官新義》的成書時代環境背景，來重新考量其宋代學術史上的意義。分三個小節討論之，第一小節以變法時期王安石與司馬光等人對於此書的詮釋方向入手，探討時代背景因素，考察王安石所謂，一部周禮「理財居其半」的主張與《周官新義》成書的關係？第二節則從《周官新義》的內容觀察王安石如何賦予理財上的新義？第三小節則從他賦予新義的周禮學來看，以學術系統分類的方式，考察此一文獻對於宋代周禮學之發展與影響。

第五章：結論。

本文的研究將以上述五章之架構，論述王安石對於儒家典籍之詮釋與應用情形。其意義在於，由典籍詮釋的角度入手，探究典籍成書的時代背景因素，重新思考其學術上的意義。以期解決北宋學術史兩個重要的論題：

一、從王安石變法維新對於典籍詮解的學術背景因素入手，重新反省並

提出北宋新舊黨爭的基源問題。

　　二、考察王安石對於典籍之詮釋與應用，（將變法與典籍相互結合，運用於北宋的政治改革）我們可以探討一部典籍文獻在產生與演變的過程中，對於宋代學術之影響及其意義。

第二章　王安石典籍詮釋的學術成因考察

第一節　王安石典籍詮釋與北宋政治學術的關係

一、政治與學術交互作用的影響

　　王安石對於典籍的詮釋與應用，我們可以從學術與政治之間相互作用影響的關係，考察其學術上發生的原因。觀察政治如何作用於學術，而造成學術上的變革。例如，北宋的王安石因熙寧變法而著有《三經新義》，當時號稱「新學」，自神宗朝起《三經新義》成爲天下讀書人科舉考試的標準本。此項科舉制度的變革，對於宋代學術的發展影響深遠，因爲宋初的科舉考試，原本依循唐制，著重詩歌文賦的進士科，明經科則僅止於章句背誦而已。〔註1〕因與仕途功名息息相關，所以士人仍舊崇尚駢麗華藻的文辭，此種重詩賦文辭的現象，因此當時有所謂：「父詔其子曰：何必讀書，姑誦賦而已矣」〔註2〕

〔註1〕《王安石全集》卷一，〈上仁宗皇帝言事書〉批評北宋仁宗朝時科舉制度的流弊，朝廷所開明經科所選取的人才，僅止於記誦而略通經文文句，從治國考量上而言，實不堪所用，他提出改革之道應從曉以經文的大義入手：「九經、五經、學究、明法之科，朝廷固已嘗患其無用於世，而稍責之以大義矣，然大義之所得，未有以賢於故也。今朝廷又開明經之選，以進經術之士，然明經之所取，亦記誦而略通於文辭者，則得之矣，彼通先王之意，而可以施於天下國家之用者，顧未必得於此選也。」頁8。（本文所據的本子爲，台北，河洛出版社，民國63年10月初版）

〔註2〕《李覯集》卷二十七〈上范待制書〉，除了重視詩詞歌賦之外，文選之學亦盛

的科舉風氣，到了神宗朝王安石以變法爲名，思索宋初以來的科舉制度的弊端，於熙寧四年（西元 1071）更定貢舉之制，罷進士科的詩賦、與明經科的帖經、墨義等項目，訂定新的考試科目，參加進士科考試的士子任選《詩》、《書》、《易》、《周禮》、《禮記》中的一經，謂之本經，並且須兼治《論語》《孟子》，謂之兼經，評分的標準在於能通曉經文的大義爲要，不必侷限於注疏的講說。〔註3〕王安石此項科舉制度的變革，從歷代科舉制度的發展來看，相較於唐代的科舉制度，可以發現《春秋》被排除於科舉制度之外，並且唐以來重進士科及詩賦文學的現象，經由王安石的變法改制，產生了新的變化，經書之中，五經的地位有顯著的變化，從宋代目錄考察，宋人有關《詩》、《書》、《周禮》的著作，遠勝於前代，與科舉考試以王安石《三經新義》爲標準，有相當大的關係。另外，原屬於子部的《論語》、《孟子》二部經典被列爲科考的項目，其二書地位的提升，亦是從王安石開始主張的。從上述科舉制度與典籍發展的關係來看，觀察中國歷史上政治與學術如何相互的作用與影響，北宋的王安石變法可以作爲一個典型的例子。

　　政治與學術的關係，原是相互融攝交互影響的，很難說明何者形成在先，又何者在後受其影響。中國在春秋戰國時代，政治與學術的關係，即有相當緊密的關連，班固的《漢書‧藝文志》本於劉歆《七略》之說，而有「諸子出於王官」之說，班固的分法，凸顯出學術流派與政治的關連性，民國以來胡適有「諸子不出於王官論」，〔註4〕言學術與政治之間並沒有如此絕對必然

極一時，所謂的：「士大夫作文，草必稱王孫，梅必稱驛使，月必稱望舒，山水必稱清輝。」陸游《老學庵筆記》卷八，提到宋初文選之學興盛情形，他論及當時文人有「文選爛，秀才半」之說。

〔註3〕　《續資治通鑑長編》卷二百二十，熙寧四年二月丁巳條下：「古之取士，皆本於學校，故道德一於上，習俗成於下，其人材皆足，以有爲於世，自先王之澤竭，教養之法，無所本士。雖有美材，而無學校師友以成就之，此議者之所患也，今欲追復古制，以革其弊，則患於無漸，宜先除去聲病對偶之文，使學者得以專意經義，以俟朝廷興建學校，然後講求三代所以教育選舉之法，施於天下，則庶幾可復古矣。明經及諸科欲行罷廢，取元解明經人數增解進士……今定貢舉新制進士，罷詩賦、帖經、墨義，各占治詩、書、易、周禮、禮記一經，兼以論語、孟子。每試四場，初本經，次兼經並大義十道，務通義理不必盡用注疏，次論一首，次時務策三道，禮部五道，中書撰大義式頒行。」頁2323（台北，世界書局，楊家駱主編，民國63年6月3月）。

〔註4〕　胡適之〈諸子不出於王官論〉見《中國哲學史大綱‧附錄》，胡適所持反對的理由有四：一劉歆以前，論諸子者，未嘗有此說。二《七略》所言，近乎穿鑿，三、藝文志所分九流，乃漢儒陋說，毫無根據。四、諸子學術之興，皆

之關係。而後，梁啓超調和以上兩種說法，〔註5〕點出古代學問爲世襲智識階級所有，又是歷史當然之事實，兩者之關連確實存在，如何謹愼小心求證其影響的程度與層面，須端看個別的事實而定。故中國所謂學術流派與政治之間的關係，實不易釐清其中的界限，因此學術與政治之間相互關係與影響，我們可以將它視爲學術史研究的一個參考點。

　　北宋神宗時期由王安石所主持的熙寧變法，則可以視爲政治影響學術走向的一種形態，王安石當時身爲宰相，具有主導政策的決定權，其在政治上的多項變革，影響學術上的變化顯而易見。例如，變法與新舊黨爭的對立，產生新的學術流派，造成洛、蜀、朔三派分立的情形。〔註6〕而科舉制度的改變，使得經書的地位與《論語》《孟子》二書地位產生連動的變化，諸此種種，皆可以看出政治與學術變化間相互影響的連帶關係。因此，探索政治與學術之間相互的關係，可以幫助我們瞭解，典籍文獻成書的時代背景因素。

　　而現今在王安石諸多的研究論著之中，大致可以分爲兩種類型，第一種，乃從變法入手從新法的各項制度面，談論宋代政治經濟相關的問題。〔註7〕第二種類型，則從經世致用的角度，綜合的概論王安石各種思想，如政治、哲學、財經、文學、倫理學、科舉制度等思想，全面性的討論王安石的思想大概。〔註8〕然而有關於王安石爲什麼要變法此一問題，學者大多從歷史環

本於世變所急，起於救時之弊。

〔註5〕「諸子不出於王官」之論，原是很有價值的創說，像劉歆班固那種無條理的分類，每流硬派一個官爲他所自由，自然是不對。但古代學問，爲一種世襲智識階級所專有，是歷史上當然的事實，既經歷許多年，有許多聰明才智之士在裡頭。自然會隨時產生新理解，後來諸子學說，受他們影響的一定不少。胡先生曾說：「大凡一種學說，絕不會是劈空從天上掉下來的」，這句話很對，可惜我們讀了胡先生的著作，不免覺得老子孔子是從天上掉下來的。」參見梁啓超《先秦政治思想史》《民國叢書》第四編，台北，中華書局，1936年影印版。

〔註6〕錢穆《國史大綱》：「熙寧元祐新舊黨爭，後面帶有南北地域關係，元祐北方諸君子洛、蜀、朔三派分裂，洛以程頤爲領袖，朱光庭、賈易等爲羽翼。蜀，蘇軾爲領袖，呂陶爲羽翼，朔以劉摯、王嚴叟、劉安世爲領袖，羽翼尤重。至紹聖初，同以元祐黨竄嶺海外。」參見第六篇〈洛蜀朔三派政治意見之異同〉。頁660。

〔註7〕此類的著作大略有如下數種，如漆俠所著的《王安石變法》，帥鴻勳的《王安石新法研述》，熊公哲的《王安石攻略》、東一夫《王安石新法研究》等，以變法的各項制度爲討論對象。這一類型的著作，著重政治經濟面的探究，因此對於王安石有關於典籍的詮解，如《三經新義》等著作，幾乎存而不論。

〔註8〕此類相關的書籍，如夏長樸《王安石的經世思想》、《李覯與王安石研究》，王

境的因素作爲主要思考的方向,從國防、稅賦、役法、財政等問題來探討王安石變法的原因,〔註9〕但是我們從歷史環境因素,卻無法說明王安石變法在學術上前因後果的關係,例如王安石的變法爲何會引發他與司馬光等人的爭執?司馬光等人對於王安石所詮釋的新經義,也大加撻伐。他在推動變法的過程之中,各項新法無不遭遇反對派舊黨儒者強烈的質疑與詆毀。

因此,我們在探論王安石變法及其典籍詮釋的相關問題之前,其背後有一根源性的問題是我們必須先釐清楚的,即是黨爭與王安石典籍詮釋是否有關?在對於兩黨相爭的原因有一基本的認識之後,方能解釋王安石變法所引起各種的問題。底下則嘗試回歸於變法的時代背景之下,探索兩黨相爭的成因爲何,藉此明瞭北宋學術發展的脈絡。因此,本章即以王安石變法與司馬光等人相關爭議的議題,爲主要架構的開展,探索黨爭與王安石典籍詮釋的關係爲何?

二、北宋政治集團新舊兩黨相爭的問題

北宋王安石的變法,在北宋的歷史上形成了新舊兩派儒者相爭的情形,從神宗熙寧元年至元豐八年宋神宗去世爲止,變法長達十八年的時間,於此期間內,以王安石爲首的變法改革派與司馬光爲首的反變法的保守派,由於政治理念的迴異,兩派時有針鋒相對的情況,歷史一般稱它爲「新舊黨爭」。〔註10〕而北宋的新舊黨爭的起點自神宗熙寧元年(西元 1068 年)至欽宗靖康

明蓀的《王安石》、柯敦伯《王安石》等。此類型的著作多數將王安石對於典籍的詮解,放在經學思想底下附帶討論。

〔註 9〕如王明蓀於所著《王安石》,文中開頭便從歷史環境的方向論述王安石變法的原因,他提到從北宋澶淵盟約之後,西夏的戰爭、宋太宗年間的流民問題、役法稅制的問題、官員的問題等使國家財政問題更趨惡化,爲掃除積弊於是必須更張舊制,而有變法的產生。參見〈第一章,王安石所處之時代及其生平與著作〉,頁 4~7。

〔註 10〕所謂北宋的新舊黨爭,是指由王安石變法而引起的新舊兩黨之爭,始於神宗熙寧元年(西元 1068 年)止於欽宗靖康元年(西元 1126 年)歷時五十餘年。金毓黻於〈宋之變法與黨爭〉一文中將「新舊黨爭」分爲前後三期:「熙寧變法初期,本無黨稱,至元祐紹聖年間,互指爲黨,茲姑名主變法者爲新黨,主守舊者爲舊黨,新舊黨爭演變可分爲三期,神宗熙寧元豐十八年之間,新黨執政時代,以王安石爲之魁,爲第一期。哲宗元祐之六年間爲第二期,乃舊黨執政,以司馬光爲之魁。紹聖元年以後爲第三期。」可以注意的是金毓黻他提出一斷代的說法,即兩黨諸儒互指爲黨是哲宗元祐紹聖年間才出現的,熙寧變法初期並無黨稱。《中國史論集》下冊(台北,國立編譯館,民國

元年（西元 1126 年）為止，總共歷時五十餘年的時間，其影響從神宗朝一直延續至哲、徽、欽宗三朝，更橫跨至於南宋，兩黨相爭的情形對於宋代學術史可謂影響甚距，可以說是北宋僅次於范仲淹慶曆變法的另一件學術大事。

　　新舊兩黨之間為什麼會有衝突存在，目前在學界有許多專論，摒除王安石新法本身制度的缺失之外，在檢索相關的書籍之後，目前有關於新舊兩黨相爭的成因，約略有以下三種說法：

　　一者為「南北地域」對立的問題，錢穆於〈新舊黨爭與南北人才〉一文當中提到「王安石的新法之招人反對根本上似乎還含有一個新舊思想的衝突，所謂新舊思想的衝突，亦可以說是兩種態度的衝突，此兩種態度，隱約的表現在南北地域的區分上，新黨大率多南方人，反對派則大率多北方人。」〔註 11〕錢穆以宋室「不相南人」之說，以南北地域的問題來解釋新舊兩黨互相衝突的主因。

　　二者為「新法用人不當」的問題，劉子建論及：「王安石人才主義在實行上有三點失敗。第一，是重視才能而用人不審，舊黨批評他引用小人，就是指有才無德之人而言，不無理由。第二，王安石新法更大的失敗，是新黨內部彼此傾軋，不能團結。例如王安石以呂惠卿、曾布為左右手，後來都不合意。第三，為王安石最大的失敗為他所用的人才，不能助他走向深遠的目標，改善風俗。因此新政的推行缺乏他應有的基本信念與精神。」〔註 12〕

　　其三是將新舊黨爭視為是新法的政見之爭，認為新舊黨爭源於兩黨之間的政見相爭。〔註 13〕

　　分析以上三種說法，可以商議的地方有以下幾點：

　　一、就地域而言，新舊兩黨相爭的問題，若如錢穆所言，若單以地域空
　　　　間為兩黨相爭的判準，證據力稍嫌薄弱了些。〔註 14〕

〔註 11〕錢穆《國史大綱》第六編，第三十三章〈新舊黨爭與南北人才〉，頁 651。

〔註 12〕劉子建於〈王安石、曾布與北宋晚期官僚的類型〉一文，說明王安石人才主義的失敗乃為他變法失敗重要的原因之一。參見《兩宋史研究彙編》（台北，聯經出版社，民國 76 年 11 月版），頁 121。

〔註 13〕參見羅家祥《北宋黨爭研究‧第二章元豐時期的黨爭問題》一文，呼應此種說法另有帥鴻勳《王安石新法研述‧第三章新法失敗及其影響》中認為新舊兩黨因政見不合，演為意氣之爭。

〔註 14〕仁宗時由范仲淹所主導的慶曆黨爭，就慶曆黨爭時期的南北地域問題來說，當時范仲淹為蘇州人，然而支持新法的韓琦、富弼、王素、尹洙等卻是北方

在上方，第一行之前：80 年 1 月二刷），頁 1586。

二、其次關於王安石用人的缺失與新黨內部意見不能統合的說法，此等用人技術層面問題，無法涵蓋整個新舊兩黨相爭的議題。

三、將新舊黨爭指向為一新法政策辯論的意氣政見之爭，也仍有待商討。因為，據王安石自己所言，在〈答曾公立書〉一文中，他論及青苗法施行之時，遭到反對青苗法的舊黨儒者激烈的抨擊，如司馬光、韓琦、蘇軾、范鎮等人先後上書，言青苗法是與民征利之法。面對這樣的批評，王安石於神宗熙寧三年（西元 1070 年）寫了〈答曾公立書〉，文中指出司馬光等人反對青苗法原因，其實「意不在於法也」。〔註 15〕也就是說，王安石以為司馬光等人反對青苗法的原因，並不在於青苗法制度本身，而是背後另有其他的因素。準此觀點來看，有關於新舊兩黨相爭的成因，此一議題仍有討論之空間，可以進一步再做思索，推求其個中的原因為何。

據《續資治通鑑長編》卷二百二十四，熙寧四年六月戊午條下所載，劉摯評論王安石變法期間，當時天下皆知的兩種言論：

> 今天下有二人之論，有安常習，故樂於無事之論。有變古今，喜於敢為之論。二論各立一彼一此，時以此為進退，則人以此為去就。樂無事者，以謂守祖宗成法，獨可以因其所利，據舊而補其偏，以致於治，此其所得也。至昧者則苟簡怠惰，便私膠息而不知變通之權，此其所失也。喜有為者，以謂法爛道窮，不大變化則不足以通物而成務，此其所是也。至鑿者，則作為聰明，棄理任智輕肆獨用，強民以從事，此其所非也。〔註 16〕

劉摯於熙寧四年上疏於神宗，提出瀰漫天下的二種「守成」與「主變」的言論，所謂的「守祖宗成法」與「變古今之論」，王安石與司馬光，兩者為了該不該變法，而衝突相爭的事實。從劉摯的這段話，新舊兩黨之間的觀念，存在著相當大的落差。「守祖宗成法」與「變古今之論」呈顯出當時兩派在學術思想上的歧見。我們從王安石與司馬光書信之往返，也可以看見這樣的例子，王安石變法期間，司馬光曾寫了一封信給王安石，在〈與王介甫書〉中說道：「今所言，正

逆介甫之意。」王安石在回信與司馬光時亦曰:「議事每不合,所操之術多異故也。」王安石以「所操之術多異故也」說明二人觀念的相去甚遠。

　　因此,本文於附錄中,嘗試對比變法期間新舊兩黨有關於新法爭議的言論之後(參見附錄一,新舊兩黨學術觀念對照表),發現王安石與反對變法的舊黨儒者之間,學術觀念差異的現象確實存在。然而為何會形成如此的差異,是可以深入討論的一個重點,是否如前輩學者所言,是緣由於地域、人才、政爭等因素而造成,還是有其他的因素影響。因此,本文嘗試從兩派觀念的差異,尋找現象背後的原因,重新探討兩者學術觀念差異現象,其形成原因爭議的根源為何?

第二節　熙寧變法學術觀念的差異現象

一、祖宗之法觀念的討論

(一)祖宗之法不足守

　　王安石於熙寧三年(西元 1070 年)〈答司馬諫議書〉一文中提及他與司馬光:「議事每不合,所操之術多異故也。」然而如王安石所言,兩黨所操之術異在何處?本節欲從兩者在實際政策的論辨上,觀察他們秉持之立場是如何?中國自古以來,歷代的君臣對於祖宗之成法,多視為完善,不可輕易更易,如漢時蕭規曹隨的典故,後世傳為美談,君主若有更改祖宗法制之意,朝臣們必定以動搖國本民心為由,爭相勸誡。北宋神宗朝時的變法,王安石與舊黨諸儒曾經為了一項議題而爭執不下,即是有關於祖宗之法可不可以變的問題,有激烈的論辨。宋神宗熙寧三年(西元 1070 年)當時舉朝為了青苗法而吵嚷不休時,王安石不顧人言的提出三不足之說:

> 上諭安石曰:「聞有三不足之說否」,王安石曰:「不聞」。上曰:「陳薦言外人云:今朝廷為天變不足畏,人言不足恤,祖宗之法不足守,……至於祖宗之法不足守,則固當如此,且仁宗在位四十年凡數次修敕,若法一定子孫世世守之,則祖宗何故屢自變改,今議者以為祖宗之法皆可守,然祖宗用人皆不以次。今陛下試如此則彼異論者必更紛紛。」〔註16〕

〔註16〕《續資治通鑑長編拾補》卷七,熙寧三年三月己未條下,頁 2226。

爲了屬行變法，王安石提出和傳統儒家思想完全背離的主張，所謂「天變不足畏，人言不足恤，祖宗之法不足守」的言論。宋史載神宗即位後，欲力求圖強，而任用王安石。熙寧元年（西元 1068 年）詔安石越次入對，其所言改革之方，皆神宗未嘗聞者而喜曰：「此非卿不能爲朕推行」，〔註17〕熙寧二年（西元 1069年）二月遂以爲又諫議大夫，參知政事，而開始推行變法，比較特別的是王安石革新立法，多不循舊制，其每更一事，滿朝士大夫皆議論紛紛，以爲不可。遂有三不足說以力排眾議之言論。〔註18〕細究王安石所言，他提出「祖宗之法不足守」與反對變法者的言論「今議者以爲祖宗之法皆可守」有著密切的關連。他以宋英宗數度更法爲由，提出祖宗之法誠然是可以變革的。

　　值得思考的是，有關於祖宗之法該不該守，爲何會成爲王安石與舊黨諸儒相爭的一個議題？考索於史籍之記載，我們可以發現，「謹守祖宗之成法」，從宋代開國以來，可以說一直是儒家無爲而治思想的展現，邵伯溫《聞見錄》言及宋初的政治云：

> 國初，趙普中令爲相，於廳事作屏後置兩大甕，凡有人投利害文字，
> 皆置中，滿即焚之。李沆文靖爲相，當太平之際，凡建議務更張、
> 喜激昂者，一切不用，曰：「以報國耳」。〔註19〕

宋初之政治，承唐末五代的動盪，「建議務更張、喜激昂者，一切不用」，無爲而治的思想乃維護君權之最佳治術的表現。仁宗時，文彥博曾上呈〈進無爲而治論〉爲維護君權，治理天下建言曰：

> 臣以爲方今之務，正在謹守祖宗之成法，使爵賞刑罰不失其當耳。
> 爵賞當，則奸邪無功者不敢僥倖而希進，刑罰當，則貴近有罪者不
> 敢請求而苟免，紀綱正而朝廷尊，號令行而天下服。〔註20〕

據文彥博所言，他認爲「謹守祖宗成法」是儒家治理天下所秉持的理想，規勸仁宗遵從古制，謹守祖宗之成法，就可以達堯舜三代之盛世，並可以兼顧君權的鞏固，因此仁宗採納了他的意見。從上可以窺知宋代開國以來遵守儒

〔註17〕此段王安石與神宗知遇之言論，參見《宋史・王安石本傳》。

〔註18〕關於王安石的三不足說的相關研究，黃復山著有〈王安石三不足說考辨〉，其中考明三不足說之來歷及其相關的疑點，請參見《漢學研究》民國 82 年 6 月，十一卷第 1 期。

〔註19〕邵伯溫《聞見錄》，卷六，頁 9。

〔註20〕文彥博《潞公文集》卷九，〈進無爲而治論〉，頁 13（商務印書館景印文淵閣四庫全書本，集部 39，別集類，頁 1100～653）。

家思想，比較趨向於「謹守祖宗成法」保守的治國慣例。

然而「謹守祖宗成法」的慣例，卻在熙寧元年（西元 1068 年）神宗啓用王安石變法之後，這項慣例被打破了，王安石不但在財政、軍事、學校、人才養成上變更祖宗法度，還提出「祖宗之法不足守」之說，王安石此舉當然引來擁護「謹守祖宗成法」等諸儒如司馬光、文彥博等人的反對。而祖宗之法該不該守，就成爲新舊兩黨辯論不斷的一個議題。

神宗熙寧四年（西元 1071 年三月戊子條下記載。）王安石與宋神宗、文彥博又因保甲法爭辯，文彥博曰：「保甲用五家爲保，猶之可也，今乃五百家爲一大保，則其勞擾可知，彥博又云，祖宗法制具在，不須更張以失人心。」神宗曰：「更張法度制於士大夫誠多不悅，然於百姓何所不便。」文彥博曰：「爲與士大夫治天下，非與百姓治天下也」安石提出曰：「法制具在，則財用宜足，中國宜彊。今皆不然，未可謂之法制具在也。」〔註 21〕王安石駁斥文彥博之說而提出變法的原因，正是因爲祖宗之法不夠完善所致，因此要變更募役法爲保甲法，變更祖宗之法以求國富兵強。

（二）祖宗之法不可變

面對王安石以「變風俗、立法度」與「祖宗之法不足守」爲由屬行變法維新，熙寧二年（西元 1069 年）八月，司馬光以制置三司條例司一事，言王安石「紛亂祖宗成法」〔註 22〕不合祖宗體制。同年九月王安石提出青苗法整頓國家財政，司馬光與宋神宗君臣之間，有數次關於祖宗之法不可變的討論：

> 帝曰：「漢常守蕭何之法不變，可乎？」光對曰：「獨寧漢也，使三代之君守禹、湯、文、武之法，雖至今存可也。漢武帝用張湯言取高帝法紛更之，盜賊半天下，元帝改宣帝之政，而漢始衰。由此言之，祖宗之法不可變也。」〔註 23〕

〔註21〕《續資治通鑑長編》卷二百二十一，熙寧四年三月戊子條下，頁 2337～2338。

〔註22〕司馬光：「祖宗創業垂統爲後世法，内則設中書樞密院、御史台、三司審等在京諸司。外則設轉運使、知州、知縣等眾官，以相統取上下有序，此所謂綱紀者也。……今乃使兩府大臣悉取三司條例別置一局，聚文士數人與之謀議，改更舊制三司，皆不與聞，臣恐所更者未必勝於其舊，而徒紛亂祖宗成法。」請參見《司馬文正公傳家集》卷四十三，〈體要疏〉，頁 5（商務印書館景印文淵閣四庫全書本，集部 33，別集類，頁 1094～398）。

〔註23〕《宋史紀事本末》卷三十七，熙寧二年九月壬辰條下，頁 334。（台北鼎文書局，楊家駱主編，民國 67 年 3 月初版）

司馬光言談之間論及歷史禍亂興衰之道，在於改易更革舊制，藉此規勸神宗應守祖宗之成法不應有輕易所變革。對於王安石以富國理財爲名而變法，司馬光於熙寧二年（西元 1069 年）上奏〈邇英對奏〉抨擊其理財主張，他說：「天地所生財貨百物，止有其數。不在民間，而在公家，積財節用，養其本源而徐取之」，〔註24〕他以爲富國裕民之法，應採儒家節用以積財的方式來因應政府財政的短缺，質疑王安石所言變更改祖宗舊法來挽救財政的目的。此外，文彥博亦堅持的反對變更祖宗之法，熙寧六年（西元 1073 年）宋神宗與文彥博共議市易法之得失時道：「王安石多變舊典，朝廷行事，宜兼採眾論，以靜重爲先，陛下勵精求治，而人心未安，蓋更張之過也，祖宗法未必皆不可行，但有偏不舉之弊爾。及市易司立，至果實亦官監賣，彥博以爲損國體，斂民怨，致華岳山崩，爲帝極言之。又曰：衣冠之家罔利於市，搢紳清議尚所不容。豈有堂堂大國，皇皇求利，而天意有不示警者乎」。〔註25〕文彥博認爲王安石輕革舊典並且以「變風俗、立法度」爲名，更改祖宗舊法，其目的無非爲了求利。

二、王安石變儒爲法觀念的論爭

（一）爲政在變法

王安石爲何會提出「祖宗之法不足守」的主張？我們試著推究原因之所在，神宗熙寧二年二月（西元 1069 年）王安石入朝爲參知政事，亟欲有所作爲的宋神宗詢問於王安石：

> 人皆不能知卿，以爲卿但知經術，不曉世務。安石對曰：「經術者，所以經世務也。但後世所謂儒者，大抵多庸人，故世俗皆以爲經術不可以施於世務者也。」帝曰：「不知卿所設施，以何爲先？安石曰：變風俗，立法度，方所急也。」〔註26〕

王安石提出以「變風俗、立法度」爲改革首要之事。相對於傳統儒家「謹守

〔註24〕《司馬文正公傳家集》卷二十六，〈邇英對奏〉（台北・商務印書館，民國 54 年版）。

〔註25〕參見《宋史記事本末》卷三十七，熙寧六年正月辛亥條下。另外在《續資治通鑑長編》熙寧四年三月戊子條，亦載文彥博所說：「祖宗法治具在，不須更張以失人心。上曰：更張法制於士大夫誠多不悅，然於百姓何所不便？彥博曰：爲與士大夫治天下，非與百姓治天下也」頁 358。

〔註26〕《續資治通鑑長編拾補》卷四，熙寧二年二月庚子條下，頁 2163。

祖宗成法」的理念，王安石「變風俗、立法度」的主張，可以說是互斥的二種學術觀念。就以先秦諸子的思想來說，王安石變法的理念比較類似於先秦的法家，主張「變風俗、立法度」以重法的精神為立國之根本。然而王安石不顧人言，從神宗熙寧二年（西元 1069 年）陸續推行各項新法、制置三司條例司、均輸法、青苗法、保甲法、市易法等等，王安石從立法度的制度層面入手，著眼於各項新法制度的訂定。

　　我們從學術環境的角度，考諸於北宋的法制觀念，宋代自開國以來，重文輕武的政策，傳統儒家「禮主刑輔」的觀念，為多數士大夫所接受，法令制度只是國家行政上的輔助工具。如宋初王禹偁論及：「予自幼服儒教，謂經術，嘗不喜法家者流，少恩而深刻。泊濯第入宮，決斷訟獄，又會詔下，為吏者皆明法令，用是為殿最，乃留意焉。」據王禹偁之說，說明當時儒者的觀念，基本上皆以儒術為主，法令只是一輔助的刑具而已。宋仁宗時，還有所謂的「法吏」與「大儒」之分，宋庠曾提出：「夫法吏者，奉行其法可也，寧制法之人哉？古者有言治國如治家，耕當問奴，織當問婢，今欲與法吏謀致治之本，是猶使奴織而婢耕，要其成功不可得也。」〔註27〕宋庠明確表達，治國當用「大儒」而不可用「法吏」，而「法吏」與「大儒」之間的判準，乃建立在傳統儒學以道德為本，刑法為末的觀念而來的。另外，王安石在新法政策的落實上重法的傾向，可以從以下幾條材料來看：

〈禮樂論〉：

　　故先王之道，可以傳諸言，效諸行者，皆其法度刑政而非神明之用也。〔註28〕

〈周公〉：

　　夫聖人為政於天下也，初若無為於天下，而天下卒以無所不治者，其法誠修也。故三代之制，立庠於黨，立學於國，而盡其道以為養賢教士之法。蓋君子之為政，立善法於天下則天下治，立善法於一國則一國治，如其不能立法，而欲人人悅之，則日亦不足矣。〔註29〕

〈與祖擇之書〉：

〔註27〕南宋・趙汝愚，《宋名臣奏議》卷九十八，〈上仁宗論編敕當任達識大儒〉，頁356。

〔註28〕《王安石全集》卷四十一，論說〈禮樂論〉，頁123。

〔註29〕《王安石全集》卷三十九，論說〈周公〉，頁100。

> 治教政令，聖人之所謂文也，書之策，引而被之天下之民，一也。
> 聖人之於道也，蓋心得之，作而爲治教政令也。則有本末先後，權
> 勢制義而一之於極，其書之策也，則道其然而已矣。〔註30〕

「法度刑政」乃先王治國之心得，最能具體地傳達於後世，其內容與精神可以說符合於王道，與儒家之禮樂制度可以說是等同的。〈周公〉一文之中，王安石論及立法度的重要性，他說：「立善法於天下則天下治，立善法於一國則一國治」，並且「治教政令，聖人之所謂文也。」聖明的君主應權衡時代的變革制作不同的法令用以明道。也因此，王安石在新法政策落實上相當看重法令制度之建立，我們考諸於王安石的熙寧變法，從熙寧元年至熙寧六年（西元 1068～1073 年）間，有關王安石所立之新法就有十二種之多。〔註31〕

從上所述，王安石在新法政策的落實上傾向於重立法的態度來看，可以說王安石具有變儒爲法的傾向。何以見得呢？我們對照於傳統儒家的態度而言，如同文彥博於〈進無爲而治論〉所言，遵從「謹守祖宗成法」與「無爲」便可實現堯舜三代的之治的理想，反觀王安石的變法主張卻以更革祖宗舊法與「變風俗、立法度」來實現三代之治的理想，可以說與傳統儒家態度南轅北轍。因此，王安石變法強調以儒家思想的回復爲口號，但是在新法實際政策的落實上，他所採行的方法卻偏向於法家，所以說王安石在學術思想的落實上有著變儒爲法的意味。

關於王安石變儒爲法的傾向，神宗熙寧二年（西元 1069 年）呂晦便指出王安石：「本以周、孔之道立身攫取卿輔，及其得君，反用嚴酷申韓之法馭世」，〔註32〕呂晦認爲王安石宣稱以儒家思想輔助君王治國，但卻以法家申韓之術實行變法。呂晦這段話可以說正是質疑王安石變儒爲法，將儒家思想往法家實際政策過渡的批評之語。〔註33〕

司馬光等人以法家申韓之術攻擊王安石「變風俗、立法度」爲法家思想的翻版，而王安石卻宣稱在政策上採取「變風俗、立法度」的立場，是儒家

〔註30〕《王安石全集》卷三十三，書啓〈與祖擇之書〉，頁 49。
〔註31〕以熙寧二年至熙寧六年所立之新法來說，熙寧二年立，制置三司條例司、均輸法、青苗法、農田水利條例。熙寧三年立，諸路更戍法、保甲法、募役法。熙寧四年，更定科舉法。熙寧五年立，市易法、保甲養馬法、方田均稅法。熙寧六年立，免行錢，就有十二項之多。
〔註32〕見趙汝愚《國朝諸臣奏議》卷一百五十〈呂晦上神宗論王安石疏〉，頁 3895。
〔註33〕有關於其他諸儒，批評王安石爲法家之言論，可以參照附錄的新舊黨人學術觀念對照表。

理念實際化的落實。王安石在〈夫子賢於堯舜〉一文中論及：

> 蓋聖人之心不求有爲於天下，待天下之變至焉，然後吾因其變而制
> 之法耳。至孔子之時，天下之變備矣，故聖人之法亦自是而後備也。
> 故其所以能備者，豈特孔子一人之力哉？蓋所謂聖人者，莫不預有
> 力也，孟子曰：「孔子集大成者，蓋言集諸聖人之事，而大成萬世之
> 法耳。」〔註34〕

就歷史發展的演變來說，王安石認爲孔子之時，人類的知識仍在持續的發展
之中，聖人無不是「待天下之變至焉」而「因其變而制其法」，即隨著客觀歷
史之需要，制定出符合需要的法令制度。因此，王安石以孔孟爲據，認爲聖
賢尚且如此，何況於今乎？他藉此來說明「變風俗、立法度」乃因時制宜效
法孔孟聖賢將儒家思想實際化的一種作爲。

王安石在觀念上以孔孟爲據，說明「變風俗、立法度」乃儒家思想的落
實之外，王安石亦明言新法的各項政策制度皆根據儒家經典而來。如我們所
熟知的神宗熙寧二年二月（西元 1069 年）王安石以《周禮》泉府之制爲名義
定新法：「周置泉府一官，先王所以權制兼併，均濟貧弱，變通天下之財，後
世唯桑弘羊、劉晏合此意。學者不能推明先王法意，更以爲人主不當與民爭
利。今欲理財當修泉府之法，以收利權，故置條例司，以講求理財之術焉。」
〔註35〕王安石引儒家的經典《周禮》言周公立泉府之官之立意，乃改革舊制
以通變天下之財，就這層立意上來說王安石認爲「變風俗、立法度」乃儒家
思想的落實。

（二）為政在得人

王安石的變法，擾亂了中國歷朝各代以來，以傳統儒家以道德爲先的治
國政策，舊黨諸儒除了提出「祖宗之法不可變」的觀念之外，在治國政策上
也提出他們的看法，神宗熙寧二年（西元 1069 年）司馬光在一次與呂惠卿論
辯祖宗之法當不當變的討論中，主張「爲政在得人」的理念：

> 書曰：「毋作聰明，亂舊章」。然祖宗舊法，何可變也？漢武帝用張
> 湯之言，取高帝法紛更之，盜賊半天下。宣帝用高帝舊法，但擇良

〔註34〕請參見《王安石文集》頁 27。此外文集卷二十四，〈策問第八〉王安石就歷史
發展言聖人制法的觀念：「問夏之法之商而更之，商之法至周而更之，皆因世
就民而爲之節，然其所以法，亦不相師乎。」頁 18。

〔註35〕《宋史記事本末》卷三十七，神宗熙寧二年二月甲子條下，頁 327。

兩千石使治民，而天下大治。元帝初立，頗改宣帝之政，丞相衡上疏言：「臣竊恨國家釋樂成之業，虛爲此紛紛也。陛下視宣帝、元帝之爲政，誰則爲優？」荀卿曰：「有治人，無治法。」固爲治在得人，不在變法也。〔註36〕

司馬光依舊堅守祖宗之法不可變的理念，倡導爲政乃在得人心而不在於變法也。同年，舊黨之一的呂公著，亦勸諫神宗：「自古有爲之君，未有失人心而能圖治，亦未有能脅之以威，勝之以辨而能得人心者」。〔註37〕呂公著所提出來的「得人心」的論調，溯及其學術上的淵源，可以說仍是傳統儒家思想中仁政王道觀念的產物。蘇軾也於神宗熙寧四年（西元1071年）作〈上神宗皇帝萬言書〉言：「臣之所欲言者三，願陛下結人心、厚風俗，存紀綱而已，人莫不有所恃、人臣恃陛下之命，故能役使小民，恃陛下之法，故能勝伏強暴。至於人主、所恃者誰與。書曰：予臨兆民，懍乎若朽索之馭六馬，言天下莫危於人主也。聚則爲君民、散則爲仇讎，聚散之間，不容毫釐。故天下歸往謂之王，人各有心，謂之獨夫，由此觀之，人主之所恃者，人心而已。」〔註38〕蘇軾也認爲「人主之所恃者，人心也」，他亦秉持仁政王道的觀念，抒發爲政在得人心的理念。

司馬光等人對於王安石以儒家思想的落實爲名，在政策上推行各項新制之立法，是抱持怎麼樣的看法？神宗熙寧二年，王安石以《周禮》泉府爲名，提出仿效周公理財之法，應設置三司條例司一官，首先發難的是呂誨：「王安石執政，多變更祖宗法，務斂民財，誨屢諍不能得。呂誨上疏劾安石曰：王安石外示樸野，中藏巧詐，驕蹇慢上，陰賊害物，今邦國經費，要會在於三司，安石與樞密大臣同制置三司條例，雖名商榷財利，其實動搖天下，有害無利」，〔註39〕換言之，呂誨對於王安石變更祖宗舊法，而且附會於周公之遺法，言理財興利之要，是抱持著不相信態度。司馬光於熙寧三年〈與王介甫書〉論及：

置提舉常平廣惠倉，使者四十餘人，使行新法……夫侵官，亂政也。介甫更以爲治術，而先施之，貸息錢，鄙事也。介甫更以爲王政，

〔註36〕《續資治通鑑長編拾補》卷六，熙寧二年十一月庚辰條下，頁2196。
〔註37〕《宋史》卷三三六，列傳，〈呂公著傳〉，頁2278。
〔註38〕《經進東坡文集事略》卷二十四，〈上神宗皇帝萬言書〉，頁370。
〔註39〕《續資治通鑑長編拾補》卷四，熙寧二年五月壬午條下，頁1972。

　　而力行之。此三者，常人皆知其不可，而介甫獨以爲可，此光所謂

　　用心太過者也。」〔註40〕

司馬光指出變法實屬侵官、亂政、征利之行爲，並且對於王安石「更以爲王
政，而力行之」，他對於王安石提出變法乃符合王政的本意之說大加駁斥，謂
其「用心太過矣」。並抨擊王安石以儒家思想爲名卻行法家立法之實，實屬異
端邪術。綜合以上所述，舊黨諸儒對於王安石在新法政策上的實際作爲，可
以說完全不採信。相反的，從他們的言論之中，將王安石效法堯舜，行王政，
甚至引用儒家經典《周禮》效法古制而實行變法，皆看成是王安石所設計的
一椿騙局。換言之，就舊黨諸儒的立場而言，王安石藉儒家思想以及儒家經
典爲掩護，實際上是作爲變法的託藉之詞。

第三節　儒家治國觀念的爭議──以義利之辨與王霸之辨爲例

　　如上一節所述，王安石與司馬光等人在新法政策與觀念上的論辨皆言先
王與孔孟儒家之道，有趣的是，兩者的立論的基準是相同的，皆言其所奉行
的標準爲儒家的治國之道。但是，同樣主張儒家之治國之道，爲何會有南轅
北轍的看法呢？王安石與司馬光等人在新法政策爭執現象的背後，是否隱含
著其他的因素的影響？首先，如何判別兩者學術思想之傾向，此處採取判教
的方法，意即回到先秦儒家治國之標準來判別兩者之差異，因此，本小節嘗
試回到兩者所爭議的儒家治國之道，檢視兩者的學術思想形態。

一、儒家德治主義條目

　　所謂儒家治國之道所指爲何？我們回溯至先秦儒家的說法，先秦儒家所主
張的治國之道，可以說是在政治上採取「德治主義」的一種治國方式。〔註41〕

〔註40〕清‧顧棟高《司馬溫公年譜》卷五，頁156。

〔註41〕所謂的「德治主義」，意指在政治上以道德爲中心的主義。此處採日人山井勇
　　　　的定義，他認爲：「所謂德治主義，爲政者必是德高望重，以德導化人民，使
　　　　民皆有德，道德行於世，而國爲之治，天下爲之太平，是一種哲人政治的思
　　　　想。以德治民，所以稱德治，因此德治主義是在政治上以道德爲中心的主義，
　　　　德治思想並不始於孔子，不過孔子加以提倡之後一直是儒家政治哲學的根
　　　　本。」參見宇野精一主編《中國思想一‧儒家‧第三章儒家的主要人物》台
　　　　北，幼獅出版社，民國76年11月4版，頁70。

據日人山井勇的說法，先秦儒家首重德性，主張以德化民，所謂儒家德治主義
簡單的說即是以道德為中心的一種政治制度。儒家德治主義的發展，乃由孔子
定其典範，孔子是第一個提出以為政以道德為先之人，孔子之後由孟子繼承儒
家德治主義的精神，孟子的「行王道」以及「仁者無敵」的主張便將儒家在政
治上以德治國的精神發揮至極致的言論。而儒家的這種德治主義如何在政治上
落實呢？我們依據儒家之經典《論語》、《孟子》二書，可以羅列出儒家德治主
義的幾項條目如下：

一、為政以德為先：孔子曰：「為政以德，譬如北辰，居其所，而眾星
　　共之」見諸於《論語・為政篇》。此外孔子亦言：「道之以政，齊之
　　以刑，民免而無恥；道之以德，齊之以禮，有恥且格」《論語・為
　　政篇》。孔子是先秦諸子之中第一個在政治思想上提出為政以德的
　　人。〔註 42〕

二、行仁政：孔子說：「道千乘之國，敬事而信，節用而愛人，使民以時」
　　《論語・學而篇》。孟子曰：「王如施仁政於民，省刑罰，薄稅斂、
　　深耕易耨，壯者以暇日，修其孝悌忠信，入以事其父兄，出以事其
　　長上，可以制梃，以撻秦楚之堅甲利兵矣」《孟子・梁惠王篇》。孔
　　孟皆言為政者能行仁政於天下，使民皆有德，而國為之治，天下則
　　可大治。

三、行王道：以王霸之辨，推崇德行的價值，並且德行為治國的最高指
　　導原則。孟子曰：「以力假仁者霸，霸必有大國；以德行仁者王，王
　　不待大。湯以七十里，文王以百里。以力服人者，非心服也，力不
　　贍也，以德服人者，中心悅而誠服也。」孟子區分王道霸道的差別，
　　他認為以德服人比起以強大軍事、經濟力量統治天下，更能為天下
　　帶來和平，因此提倡在政治上有為之君應以王道治天下。

四、重義輕利：孔子曰：「君子喻於義，小人喻於利」見於《論語・里仁
　　篇》。《孟子・梁惠王篇》：「孟子見梁惠王，王曰：叟！不遠千里而
　　來，亦將有以利吾國乎？孟子對曰：王何必曰利？亦有仁義而已矣。

〔註42〕周予同〈孔子的政治哲學〉一文當中說道：「孔子的政治思想以德為核心，形
　　　　成一種德治論的主張，而與戰國時代的法治論相互對峙。」周予同從戰國時
　　　　期的百家爭鳴思想背景來看孔子德治主義的淵源，認為孔子的德治主義乃與
　　　　戰國時代法家的法治論相互對峙而產生的。參見《經學史論著選集》上海人
　　　　民出版社，1996 年 7 月 2 版。頁 379。

王曰何以利吾國？大夫曰何以利吾家？士庶人曰何以利吾身？上下交征利，而國危矣。萬乘之國，弒其君者，必千乘之家；千乘之國，弒其君者，必百乘之家。萬取千焉，千取百焉，不爲不多矣。苟爲後義而先利，不奪不饜。未有仁而遺其親者也；未有義而後其君者也。王亦曰仁義而已矣，何必曰利？」

五、必也正名乎：子路問孔子：「衛君待子而爲政，子將奚先？」孔子回答：「必也正名乎。」《論語‧子路篇》也談到「君君、臣臣、父父、子子」，孔子主張爲政必須先從正名著手，在政治上意謂各種制度與名稱皆能夠名實相符。

六、無爲而治：孔子主張德治，要如何才能達到德治的理想，除了陳德義、興禮樂等實質的各種措施之外，孔子推舉古代的帝王堯舜爲例，在政治上採行無爲而治可以稱得上是達到德治的方法之一。孔子曰：「大哉，堯之爲君。巍巍乎，唯天爲大，唯堯則之，蕩蕩乎民無能名焉。」《論語‧泰伯篇》。《論語‧衛靈公篇》：「無爲而治，其舜也與，夫何爲哉，恭己正南面而已矣。」

二、王安石的立場

（一）義利之辨

王安石變法期間，當時身爲舊黨的司馬光等人，曾多次以義利的問題詰難於王安石。就先秦儒家德治觀念來看，孔子言：「君子喻於義，小人喻於利」，重義輕利的觀念乃傳統儒家思想的一種基本表述。

舊黨諸儒之中以司馬光，最先提出義利問題質疑於王安石，其可以追溯至神宗熙寧元年（西元 1068 年）當時宋神宗因爲國用不足召學士議，司馬光與王安石因理財觀念之不同而有所爭執。司馬光認爲王安石的理財政策，違背儒家義利的立場曰：「君子所向者，義也，小人所徇者，利也，爲國者當以義」。言治國之道當義爲先而非以求利的理財政策爲先，換句話說，他認爲王安石的理財爲先的政策違背了儒家義利之標準，因此引儒家君子應重義而輕利的觀念來質疑王安石的說法。〔註43〕神宗熙寧二年（西元 1069 年）同爲舊黨之一的范純

〔註43〕司馬光此段引文參見論文（附錄，新舊黨人學術觀念對照表。）底下，王安石與司馬光理財觀念的異同。此外，神宗熙寧三年（西元 1070 年）司馬光在與王安石往來書信之中，同樣的也提出義利問題質問於安石，在〈與王介甫

仁也以「成湯不殖貨利，孔子罕言利，孟軻亦曰何必曰利？」以孔子、孟子等聖賢皆不言利的觀點批評王安石所實施新法求利的傾向，〔註44〕蘇轍亦言新法求功利不重仁義：「聖人躬行仁義而利存，非爲利也，惟不爲利，故利存，小人以爲不求則弗獲也，故求利而民爭，民爭則反失之」〔註45〕考索於典籍的記載，王安石變法之初劉琦、錢顗、李常、陳襄、蘇軾、劉摯等人同樣以義利之說詰難於王安石新法的記載，〔註46〕這裡可以探討的是爲何舊黨諸儒要以儒家義利之言論質疑王安石的新法，我們試著探討其中的原因？

王安石對於義利的看法，有以下幾條材料可以整合的來看：神宗熙寧二年二月甲子，王安石上奏〈乞制置三司條例〉提出：

蓋聚天下之人，不可以無財，理天下人之財，不可以無義。〔註47〕

神宗熙寧三年二月壬午，王安石與韓琦提及青苗法：

抑兼併，振貧弱，置官理財，非以佐私欲，安可謂興利之臣。〔註48〕

神宗熙寧三年〈答司馬諫議書〉回覆司馬光的質疑說道：

儒者所爭，尤在於名實，爲天下理財，不爲征利。〔註49〕

神宗熙寧三年〈答曾公立書〉中論及：

孟子所言利者，爲利吾國利吾身耳。至狗彘食人食則檢之，野有餓莩則發之，是所謂政事。政事所以理財，理財乃所謂義也。一部《周禮》理財居其半，周公豈爲利哉？奸人者因名實之近，而欲亂之，以眩上下，其如民心之願何？〔註50〕

熙寧四年正月壬辰，王安石與宋神宗、曾公亮共議廣惠常平倉田之事：

公亮終以爲不可曰利不百不變法。上曰：「但義理可行，則行之自無

書〉曰：「孟子曰仁義而已矣，而必曰利……今介甫爲政首建制置條例司，大講財利之事」。〈與王介甫第二書〉曰：「孟子義利之說，殊爲明白。介甫或更有它解，亦恐似用心太過也」。從上述文獻的觀察，可以看出司馬光以儒家義利的觀點來質疑王安石新法求利的取向。

〔註44〕 范純仁之說見於〈七月乞罷均輸法〉一文，參見《續資治通鑑長編拾補》神宗熙寧二年七月巳條下。頁1965。
〔註45〕 蘇轍之言參見《欒城後集》卷七，歷代論〈堯舜第一〉。頁342。
〔註46〕 有關於劉琦、錢顗、李常、陳襄、蘇軾、劉摯等人有關於義利之說的言論。請參見（附錄，新舊黨人學術觀念對照表）。均輸法、青苗法底下的言論。
〔註47〕 《王安石全集》卷七，奏議〈乞制置三司條例〉，頁65。
〔註48〕 《續資治通鑑長編拾補》卷七，熙寧三年正月癸卯條下，頁2207。
〔註49〕 《王安石全集》卷二十九，書啓，〈答司馬諫議書〉，頁12。
〔註50〕 《王安石全集》卷二十九，書啓〈答曾公立書〉，頁12。

不利。」安石曰：「利者，義之和。義固所爲利也。」〔註51〕
我們以時間之先後，羅列王安石有關於義利的言論，可以從兩個面相觀察王安石的義利之說：第一、王安石重新詮釋孟子的義利之說：他以孟子爲據，提出了驚世駭俗之論，他認爲自漢以來人們對於孟子義利之說的詮釋，只停留在現象理解之上，眾人皆以爲孟子不曰利，王安石卻認爲孟子義利之說應分兩個層面來看，即分成理財與牟利二個層面來看，孟子所反對的利，乃是牟取個人之私利，但是孟子並沒有反對眾人追求天下人之公利。換句話說，他認爲要理解孟子的義利之說，不能從字面上去詮釋孟子的意思，王安石直指其心，從心上論斷義利之區別，爲了國家理財而求天下之公利，不能如同舊黨諸儒等人所說是一項「征利」的行爲。

第二、王安石從孟子的義利之說入手，提出「以義理財」之說：王安石「以義理財」之說最早是在於神宗熙寧二年（西元1069年）〈乞制置三司條例〉一文當中提出的。王安石提出「理天下之財，不可以無義」，他標舉治國理財以義爲先的重要性。神宗熙寧三年（西元1070年），滿朝諸儒爲了青苗法爭吵不休之時，司馬光等舊黨諸儒以「征利」質疑王安石青苗法的立意，王安石寫了〈答曾公立書〉申論自己的義利觀點，他認爲舊黨諸儒以「征利」攻擊新法的各項政策，其實並不公允。他認爲國家理財，所爲的乃天下人之公利，因此他說爲了國家政事理財，而理財實質上就是義的一種表現。因此王安石對於儒家傳統義利之說的詮釋方向，趨向於修正傳統儒家路線的立場，因爲王安石對於義利的理解，仍然是就孟子義利之說的重新詮釋上而來的。

司馬光等人批判王安石求利而不重視道德禮樂，但據文獻的記載，事實上王安石亦重視禮義教化的重要性，按《續資治通鑑長編》神宗熙寧二年，〈乞制置三司條例〉一事下云：

戊子，上即問王安石，制置條例司如何？安石曰：「已檢討文字，略無倫敘。然今欲理財，則須使能。天下但見朝廷以使能爲先，而不以任賢爲急；但見朝廷以理財爲務，而於禮義教化之際未有所及；恐風俗壞不勝其弊。陛下當先驗國體有先後緩急。」上頷之。

從神宗與王安石的對話中，可以理解王安石並非認爲傳統儒家所謂的禮樂教化是不重要的，只是在王安石的觀念裡，理財與禮樂教化二者之間有著次序

〔註51〕《續資治通鑑長編》卷二百十九，熙寧四年春正月壬辰條下，頁2318。

上的不同。王安石認爲就北宋的政治環境而言，應以理財富國強兵之事爲先，禮樂教化之事爲後。

（二）王霸之辨

此外，考索新法相關的爭議的言論之中，王霸的觀念也是兩黨所爭議的一個重點。神宗熙寧二年八月（西元 1069 年）劉述、劉琦等人上奏神宗言王安石均輸法之弊，批評王安石以「霸國諸侯之術，唐世衰亡之事，誘惑上聽」，〔註52〕神宗熙寧三年四月（西元 1070 年）陳襄上奏曰：「臣觀制置司所議，莫非引經以爲言，而其實貸民以取利，事體卑削爲天下譏笑是爲管仲商君之術，非陛下之所宜行。臣願陛下爲堯舜之君，以義治天下，不願其爲霸主也。」〔註53〕陳襄勸誡神宗不要爲王安石管仲商君之術所惑，而成爲一個霸主。底下將探討的是，爲何司馬光等人要以管商法家之說，批評王安石的新法？

要談這個問題，我們首先新舊兩黨的王霸問題開始來談，從學術史的角度而言，王霸之辨是先秦儒學的舊問題，王道與霸道問題的提出首先出自於先秦的孟子，《孟子·公孫丑章句上》曰：「孟子曰，以力假仁者霸，以德行仁者王，以力服人者，非心服也。力不贍也。以德服人者，中心悅而誠服也。孟子曰：五霸者，三王之罪人也。今之諸侯，五霸之罪人也。今之大夫，今之諸侯之罪人也。五霸者，摟諸侯以伐諸侯者也。」孟子從歷史經驗中指出「摟諸侯以伐諸侯」以力得天下的齊桓公是一個霸主，從而表彰王道政治的價值，認爲「王」與「霸」是不同本質的政治形態。孟子不但主張王霸之不同，且極力鼓吹君王實行王道政治，然而孟子理想中的這種「以力假仁者霸，霸必有大國，以德行仁者王」的王道政治，在歷史上是否眞正出現過，孟子堅定的主張王道政治確實在三代實現過，他曾說「三代之得天下者以仁」因此孟子認爲「欲爲君盡君道，欲爲臣盡臣道，二者皆法堯、舜而已矣」。因此孟子將王道的政治理想寄寓於三代，並且從道德上明辨王道與霸道之別在於德與力之對比，兩者因本質之不同，而不可加以混淆，孟子的態度可以說充分的表達了傳統儒家對於王道與霸道二種政治理念之態度。

王安石引《孟子》爲變法的理論根據，如上一節所述，王安石重新詮釋孟子的義利之說，駁斥司馬光等人質疑新法「征利」的取向，《孟子》一書相

〔註52〕《續資治通鑑長編拾補》卷五，熙寧二年八月癸卯條下，頁 2183。
〔註53〕《續資治通鑑長編》卷二百一十，熙寧三年四月戊辰條下，頁 2235。

關的問題再度被宋儒所重視，〔註 54〕當時司馬光曾爲了王安石引《孟子》爲
新法辯護的行爲，寫了〈疑孟〉一文，質疑王安石引《孟子》之目的。元人
白珽的《湛淵靜語》記載了司馬光疑孟的原因：

> 或問文節倪公思曰：「司馬溫公乃著疑孟何也？」答問：「蓋有爲也。」
> 當是時王安石假孟子大有爲之說，欲人主師尊之，是以溫公致疑於
> 孟子，以爲安石之言未可盡信也。

據白珽所載，他推測司馬光的疑孟之說，乃因王安石變法而起。此外，王霸
的問題來說，司馬光對於王霸的看法有如下解釋：

> 夫仁所以治國家而服諸侯也。皇帝王霸皆用之。顧其所以殊者，大
> 小高下遠近多寡之間耳。假者，文具而實不從之謂也。文具而實不
> 從，其國家且不可保，況且霸乎？雖久假而不歸，由非其有也。

細究司馬光之意可以發現，王道霸道之別其主要仍在於德行上的差異，也就
是說，司馬光與孟子的觀點大致是相同的，司馬光仍主張「王者」與「霸者」
之別最重要的關鍵仍是在德行上。

而王安石在〈王霸〉一文中，則有如下的見解：

> 仁義禮信，天下之達道，而王霸之所同也。夫王之與霸，其所以用
> 者則同，而其所以名者則異，何也？蓋其心異而已矣。其心異則事
> 異，其事異則功異，其功異則名不得不異也。王者之道，其心非有
> 求於天下也，所以爲仁義禮信者，以爲吾所當爲而已矣。霸者之道
> 則不然，其心未嘗仁也，而患天下惡其不仁，於是示之以仁。

王安石指出王霸的異同，相同之處在於所用的都是仁義禮信，王霸在這一點
上是不容易分的出來的，而王安石認爲王道與霸道關鍵的差異在於心，換句
話說，王者以仁存心，然霸者之心未嘗存仁，王安石所論重在心異。〔註 55〕

〔註54〕北宋以來《孟子》一書成爲宋儒所關注之書，有以下諸項原因，其一，宋代經
學的研究以春秋學爲盛，自孫復以降，宋儒在尊王攘夷之義上多所發揮，從這
個學術潮流的形成與發展來看，宋儒的尊王攘夷成爲宋代君主政治之思想基
礎。其二，宋儒說春秋、倡王道，就傳統儒學而言，尊王之說、王霸之辨、莫
不與孟學的基本教義相關連。因此，《孟子》一書乃隨春秋學之發展而成爲宋儒
所關注的經典，而孟子書中的重要議題也就被宋儒加以議題化。

〔註55〕程顥論王霸之別的意見與王安石立場相似，他曾曰：「得天理之正，極人倫之
至者，堯舜之道也，用其私心，依仁義之偏者，霸者之事也。王道如砥，本
乎人情，出乎禮義，若履大路而行，無復回曲，霸者崎嶇反側於曲徑之中，
而卒不可與入堯舜之道，故誠心而王者王矣，假之而霸則霸矣。二者其道不

王安石對於王霸所表達的立場，可以說是針對儒家的王道思想而發，儒家的王道政治乃以道德爲中心的一種政治思想，也就是說儒家思想是以德治而達到王道政治的境界，然而王安石認爲儒家這套德治思想在實行上存在很大的困難，容易流於口說而施行不易。

　　然而，王安石對於王道看法是如何？熙寧二年（西元 1069 年）十一月王安石提出王道之始在於「富民化俗」爲先：

> 今天下財用困急，尤當先理財，易曰：「理財正辭，先理財然後正辭，先正辭然後禁民爲非，事之序也。」孔子曰：「既庶矣富之，既富矣教之。孟子亦曰：喪死無憾，王道之始也。」〔註56〕

由王安石這一段文字看來，王道之始在於以理財而達富民化俗的理想。他認爲儒家談王道之始，就如孔子之言「既庶矣富之，既富矣教之」，先富而後教正是儒家王道觀念所秉持的精神，王安石基於這種先富後教的王道觀念，建言神宗國家必須改革的急迫性，也就是說，王安石認爲要實現所謂的王道政治，就必須先理財才能達到孔子所謂「既富矣教之」的太平之治。王安石在〈再上龔舍人書〉一文中談到：

> 昔梁惠王嘗移粟以就饉，孟子論而非之，所謂徒善不足以爲政，徒法不足以自行，若夫治不由先王之道者，是徒善徒法也。……今宋興百有餘年，民不知有兵革，四境之遠者，至萬餘里，其間可桑之野，民盡居之，可謂至大至庶矣，此誠曠世不可逢之嘉會，而賢者有爲之時也。今朝廷公卿大夫不以此時講求治具，思所以富民化俗之道，以興起太平，而一切惟務苟且，見患而後慮，見災而後救。〔註57〕

他批判當時朝廷公卿大夫不講求治具，爲國家思索「富民化俗」之道，而因循守舊不思改革之道。因此，王安石對於儒家王道的理解，傾向於治理天下百姓應以先富後教爲先，而後再談禮樂與道德的教化。

　　因此，從儒家德治主義的觀點來看，相對於傳統儒家王道以仁義、德行爲先的治國主張，王安石可說是一位傳統儒家思想的改革者，在義利與王霸

同，在審其初而已。」《二程集》卷一，〈論王霸箚子〉，頁450（台北，里仁書局點校影印本）程顥認爲王霸之不同，其區別在「審其初」，從心術上言王霸之不同。
〔註56〕《續資治通鑑長編拾補》卷六，熙寧二年十一月乙丑條下頁1。
〔註57〕《王安石全集》附錄，拾遺〈再上龔舍人書〉，頁159。

之問題上，其觀念不同於時人，究其思想的根源，可以追溯至儒家孔孟外王富國之道爲先行的一種治國主張。

三、司馬光等人的立場

另外，我們從儒家德治主義觀點，觀察司馬光等人所持的立場爲何？以司馬光爲例，早在宋英宗時期（西元 1064 年）他寫《歷年圖》論序中便談到以道德爲先的治國觀念：

> 治亂之道，古今一貫，歷年之期，惟德是視也。夫國之治亂，盡在人君。人君之道有一，其德有三，其才有五。何謂人君之道一？曰：用人而已。叢爾之國必有正直忠信之士焉，必有聰明果敢之士焉……何謂人君之德三：曰仁，曰明，曰武，興教化，修政治，養百姓，利萬物，然後可以爲仁。知道義，識安危，別賢愚，辨是非，然後可以爲明。惟道之所在，斷之不疑，姦不能惑，佞不能移，然後可以爲武……何謂人君之才五？曰創業、曰守成、曰陵夷、曰中興、曰亂亡，夫道有失得，故政有治亂；德有高下，故功有小大，才有美惡。故世有興衰。上自生民之初，下逮天地之末，有家國者，雖變化萬端，不外是也。〔註58〕

在此篇序論中談到「治亂之道，爲德是視也」，乃司馬光觀察中國歷史經驗所獲得之結論，他認爲統合歷史之中治亂興衰之道，以道德最爲重要，尤其是統治者的道德修養，對於家國的興衰影響最爲深遠，司馬光從歷史的研究之中提出宋代應延續儒家治國的最高理想，以道德爲治國的首要。換句話說，司馬光遵行以道德爲政治之根本這種傳統儒家治國的理念。司馬光十分看重道德與治國的關連，神宗元豐八年（西元 1085 年）三月七日神宗皇帝崩，四月十九日司馬光上奏〈進修心治國之要箚子〉向新繼位的哲宗陳述治國之要亦標舉德治的重要性：

> 昔仁宗皇帝擢臣知諫院，臣初上殿，即言人君之德三，曰仁、曰明、曰武。致治之道三，曰任官、曰信賞、曰必罰。英宗皇帝時，臣曾進歷年圖。大行皇帝新即位擢臣爲御史中丞，臣初上殿，言人君修心治國之要，以事英宗也。今陛下新承大統，太皇太后同聽萬歲，謹復以人君修心治國之要爲獻，蓋天下治亂興亡安危之道，無易於此。

〔註58〕宋・司馬光《稽古錄》卷十六，頁 113～115。

司馬光於箚子中反覆對於治國之道提出一個整體性的看法，堅持治亂興亡之道取決於道德的推行，他向哲宗陳述仁宗、英宗、神宗三朝以來，所堅持一貫的治國理念，即採用傳統儒家德治的途徑，走「治心」、「修身」道德爲先的路線。因此，就司馬光而言，他的立場乃是主張儒家的德治主義的治國理念。王安石變法之時同爲舊黨之一的蘇軾，也與司馬光有著相同想法，重視道德在治國上的優先性，蘇軾認爲：

> 國家之所以存亡者，在道德之深淺，而不在乎強與弱。曆數之所以
> 長短者，在風俗之厚薄，而不在乎富與貧，道德誠深，風俗誠厚，
> 雖貧且弱，不害於長而存，道德誠淺，風俗誠薄，雖富且強，不救
> 於短而亡。〔註59〕

蘇軾提出「國家之所以存亡者，在道德之深淺，而不在乎強與若。」，整體來看，以道德爲先的治國理念亦是蘇軾所強調的。如上所述，我們從司馬光等人的立場來看，他們所堅持的正是傳統儒家以道德爲先的理念。

第四節　北宋疑經風氣與王安石典籍詮釋的關係

據經學史的記載，皮錫瑞《經學歷史》之中，引陸游之說，談論宋代疑經的風氣：

> 唐及國初，學者不敢議孔安國、鄭康成，況聖人乎。自慶曆後，諸
> 儒發明經旨，非前人所及，然排繫辭，毀周禮、疑孟子，譏書之胤
> 征、顧命，黜詩之序，不難於議經，況傳注乎。案宋儒撥棄傳注，
> 遂不難於議經。排繫辭謂歐陽修，毀周禮謂修與蘇軾、蘇轍。疑孟
> 子謂李覯、司馬光，譏書謂蘇軾，黜詩序爲晁說之。〔註60〕

就皮錫瑞的觀點來說，仁宗慶曆之後疑經風氣大盛，他所舉證的幾位疑經的學者如歐陽修、司馬光、蘇軾、蘇轍等，乃黨爭中重要的舊黨大將，這裡值得注意的是，他們對於《周易‧繫辭》、《周禮》、《孟子》、《尙書》等經典的懷疑與北宋的疑經風氣有什麼關連？

〔註59〕 蘇東坡於神宗時期著有〈上神宗皇帝萬言書〉，批評王安石變法，求富強之術，
　　　　卻偏離正道，他則認爲治國之本應以培養道德風俗爲首要。參見《經進東坡
　　　　文集事略》，卷二十四，頁384。

〔註60〕 皮錫瑞《經學歷史‧經學變古時代》（台北，藝文印書館，民國85年8月三
　　　　刷），頁237～238。

另一方面，據王應麟於《困學紀聞》的記載：「自漢儒至於慶曆間，談經者守訓詁而不鑿，七經小傳出而稍尚新奇矣。至三經新義行，視漢儒之學若土梗。」〔註61〕王應麟認爲王安石所著的《三經新義》在北宋經學的歷史發展當中，佔有舉足輕重的地位，他說「至三經新義行，視漢儒之學若土梗。」他指出王安石的《三經新義》對於宋代經學造成相當程度的衝擊與影響。

我們若將皮錫瑞與王應麟的說法對照來看，司馬光等諸儒與王安石對於傳統儒家經典，似乎都有各自精彩的見解。因此，本小節試圖從北宋的疑經風氣問題上著手，試圖從學術思想的角度，探論疑經風氣與黨爭關係，其中兩黨學者對於經典的態度，有沒有什麼樣的不同？作爲本節考察的重點。

一、王安石對於《春秋》《禮記》《儀禮》諸經的詮釋方向

對於中國傳統的各家經典，王安石也不遺餘力加以注解。考索於文獻，他曾對於《孝經》〔註62〕《論語》〔註63〕《孟子》〔註64〕等均曾重新加以注解。這裡，我們探討王安石的疑經態度，可以從《禮記》一書開始講起，神宗熙寧元年（西元 1068 年）王安石入朝爲翰林學士，某日經筵時：「先是安石講《禮記》，數難記之非是，上以爲然曰：禮記既不皆法言，釋其有補者講之如何？安石對曰，陛下欲聞法言，宜改他經，固有是詔。」〔註65〕從這段史料的記載，王安石於經筵之中大膽的質疑《禮記》，他以《禮記》內容難懂爲由，於經筵中向神宗提議罷講《禮記》而改講《尚書》。另外，王安石也懷疑《儀禮》一經的內容，神宗熙寧四年（西元1071 年）更定貢舉科目，王安石以《儀禮》非「仲尼之筆」，「請自今經筵毋以進講，學校毋以設官，貢舉毋以取士」，〔註66〕《儀禮》一經是否爲孔子所作，宋儒有不同的意見，王安

〔註61〕王應麟《困學紀聞》卷八，經說。

〔註62〕晁公武《郡齋讀書志・附志》卷五上著錄《孝經義》一卷：「凡十七章，喪親章闕之」，此書今已亡佚。

〔註63〕馬端臨《文獻通考・經籍考》卷十一載王安石著有《論語解》：「王介甫撰，其子雱口義，其徒陳用之解，紹聖後皆行於場屋」。此書今亦亡佚。頁279。

〔註64〕晁公武《郡齋讀書志》卷二：「介甫素喜孟子，自爲之解，其子雱與其門人許允成皆有注，崇觀間場屋舉子宗之。」

〔註65〕李燾《續資治通鑑長編》熙寧元年十月壬寅條下，（台北市，世界書局，民國72 年 2 月）。

〔註66〕王安石廢《儀禮》之事請參見《宋史記事本末》，卷三十八，〈學校科舉之事〉。自王安石罷廢儀禮之後，直至哲宗元祐四年（西元 1088 年）科舉改分詩賦、經義兩科取士，才恢復《儀禮》爲科舉考試之用。

石以《儀禮》一經文字晦澀難明爲由，提議撤廢《儀禮》將它排除在科舉考試之外。因此，王安石對於《禮記》與《儀禮》二經的看法，以其內容義理非聖人之言而罷廢二經。

《春秋》是儒家的重要經典之一，考宋儒說經者著錄最多除《周易》外，以《春秋》一經爲次，可見《春秋》一經在宋代的重要性。而王安石除了懷疑《禮記》與《儀禮》二書之外，對於《春秋》一經也抱持者懷疑的態度，王安石於〈答韓求仁書〉中論及「至於《春秋》三傳，既不足信，故於諸經尤爲難知，辱問皆不果答，亦冀有以亮之。」〔註 67〕《續資治通鑑長編》有一條重要材料，記載王安石與宋神宗論《春秋》一事：

> 上曰：卿常以春秋自魯史亡，其義不可考，故未置學官，敦禮好學
> 不倦，于家亦孝友，第未知此意耳。敦禮但讀《春秋》而不讀傳，《春
> 秋》未易可通。〔註 68〕

從王安石與神宗的對話之中，我們得知《春秋》未被列爲學官的原因。就王安石來說，他認爲《春秋》早已亡佚不可考，因此他以「春秋自魯史亡其義不可考」爲由，將《春秋》排斥於學官之外。此外，我們可以看到王安石排拒《春秋》的理由以內容義理爲主要的考量而罷廢的，而自漢至宋整個三傳的詮釋系統他則認爲不足探信。另外，有關於王安石懷疑《春秋》一經，以「春秋自魯史亡，其義不可考爲由」爲由，論《春秋》三傳不足信。自漢以來春秋三傳的權威性乃是不容質疑的，王安石卻道《春秋》三傳不足信，在他的文集裡頭〈答韓求仁書〉一文中提到：「至於春秋三傳，既不足信，故於諸經尤爲難知。」此外於〈大理寺丞楊君墓誌銘〉一文亦明言：「治《春秋》，不守先儒傳注，資他經以佐其說。超屬卓越，世儒莫能及也。」王安石非常贊同「治春秋，不守先儒傳注」的方式，意即治《春秋》應捨棄先儒之傳注，

〔註67〕關於春秋經爲斷爛朝報之說，按王應麟《困學紀聞》卷六云：「尹和靖云：介甫不解春秋，以其難之也；廢春秋，非其意。」清朱尊彝《經義考》卷八十一引李希逸曰：「尹和靖言介甫未嘗廢春秋；廢春秋以爲斷爛朝報，皆後來無忌憚者託介甫之言也。」請參見皮錫瑞，《經學歷史、經學之變古時代》，（台北：藝文印書館，民國 85 年 8 月版三刷）語見頁 271。
《宋史・王安石本傳》：「黜《春秋》之書，不使列于學官，至戲目爲，斷爛朝報。」《王安石文集・大理寺丞楊君墓誌銘》亦載王安石：「治春秋，不守先儒傳注，資他經以佐其說，超屬卓越，世儒莫能及也。」王安石認爲讀春秋，應捨傳而求經，以求義理上的瞭解。
〔註68〕《續資治通鑑長編》，卷二百四十七，熙寧四年五月壬午條下，頁 2386。

從春秋經之本文入手才能通曉大意而有所得。因此他對於《春秋》一經的態度可以說是站在「捨傳求經」的立場上來說的。

歐陽修著有〈春秋論〉一文，與王安石看法相同：

> 孔子聖人也，萬世取信一人而已。若公羊高、穀梁赤、左秋明三子者，博學而多聞矣，其傳不能無失者也。孔子之於經，三子之於傳，有所不同，則學者寧捨經而從傳，不信孔子而信三子，甚哉其惑也。……予非敢曰不惑，然信於孔子而篤者也，經之所書，予所信也，經所不言，予不知也。〔註69〕

歐陽修提出他對於《春秋》的看法，值得注意的是他特別標舉孔子與《春秋》的關係，並言自己「信於孔子而篤者也」，對於當時讀書人不信孔子所作之經，捨經而從傳態度提出質疑。因此對歐陽修對於《春秋》一經的看法，乃是傾向求諸本經才能通達義理。

王安石曾寫〈答姚闢書〉批判宋代經學風氣，守經而不見道：「夫聖人之術，修其身，治天下國家，在於安危治亂，不在章句名數焉而已，而曰聖人之術單此者，皆守經而不苟世者也。守經而不苟世，其於道也幾。」神宗熙寧八年，王安石寫成《三經新義》，今觀察三者之序言：〈詩義序〉言：「詩上通乎道德，下止乎禮義，放其言之文，君子以興焉。尋其道之序，聖人以成焉？然以孔子之門人，賜也商也，有得於一言，則孔子悅而進之。蓋其說之難明如此，則自周衰以迄於今，泯泯紛紛。」〔註70〕另外在〈書義序〉中道：「熙寧二年，臣某以《尚書》入侍，遂與政。而子雱實嗣講事，有旨爲之說以獻，八年，下其說太學班焉。惟虞夏商周之遺文，更秦而幾亡，遭漢而僅存，賴學士大夫誦說，以故不泯。」〔註71〕〈周禮義序〉：「自周之衰，以至於今，歷歲千數百矣，太平之遺迹，掃蕩幾盡，學者所見，無復全經，於是時也，乃欲訓而發之。」〔註72〕

細究三則序言，王安石認爲此三部經典中聖人微言大義，皆不復見。進而重新訓釋《詩經義》《尚書義》《周禮義》。因此若從宋代的疑經風氣來觀察王安石的疑經方向，從上述《儀禮》《禮記》《春秋》乃至《三經新義》的觀

〔註69〕《歐陽修全集》居士集，卷十八，〈春秋論上〉，頁195。（台北，世界書局，民國80年10月5版）

〔註70〕《王安石全集》卷二十五，序記，頁148。

〔註71〕《王安石全集》卷二十五，序記，頁148。

〔註72〕同上註。頁147。

點來看，王安石疑經的態度可以說是站在懷疑歷代詮釋者基準點上，主張應求諸本經捨棄傳注，才能得出傳統儒家經典眞正意義。

二、司馬光等人的疑經方向

　　在宋代疑經風氣中，年代最早且開風氣之先可以算是歐陽修，在宋仁宗至和二年（西元 1055 年）歐陽修就曾經上奏〈論刪去九經正義中讖緯箚子〉對於漢唐的經學提出如下的質疑：

> 臣愚以謂士之所本，在乎《六經》而自暴秦焚書，聖道中絕，漢興，收拾亡逸，所存無幾，或殘編斷簡，出於屋壁，而餘齡昏眊，得其口傳。去聖既遠，莫或考證，偏學異說，因自名家。然而授受相傳，尚有師法，暨晉宋而下，師道漸亡，章句之篇，家藏私畜。其後各爲箋傳，附著經文，其說存亡，以時好惡。學者茫昧，莫之所歸。至唐太宗時，始詔名儒撰定《九經》之疏，號爲《正義》，凡數百篇。自爾以來，著爲定論。凡不本《正義》者，謂爲異端。則學者之宗師，百世之取信也。然其所載既博，所擇不精，多引讖緯之書以相雜亂。恠其詭僻，所謂非聖之書，異乎《正義》之名也。〔註73〕

歐陽修從經學源流的角度，談論先秦至宋初經學演變之概況，對於唐代定《五經正義》於一尊的現象，沿襲至宋初之經學「凡不本正義者，謂爲異端」，但是歐陽修懷疑唐代所傳承下來的《五經正義》，並非純粹的儒家之言。因爲其中雜引太多讖緯之言，經義不純，算不上是聖賢之書，因此歐陽修上書於仁宗希望刪去《九經正義》中讖緯之言，恢復經典原來之面貌。從中國經學史的發展來說，自漢武帝「罷黜百家，獨尊儒術」以來，儒家思想成爲中國之正統學術。南北朝時經學分南北，章句繁雜，唐太宗有感於此，乃命孔穎達與諸儒撰定《五經》義疏，名曰《五經正義》。唐太宗永徽四年（西元653 年）頒訂於天下，作爲科舉考試的標準。皮錫瑞於〈經學統一時代〉論及：「唐至宋初百年，士子皆謹守官書，莫敢異議」。〔註74〕而從歐陽修〈論刪去九經正義中讖緯箚子〉一文可以出他對於漢唐注疏所持之態度。

　　歐陽修對於其他經典的懷疑，尚有如下幾點：

1. **懷疑《易經・繫辭》與《易經・文言》《易經・說卦》是否為孔子**

〔註73〕《歐陽修全集》奏議集，卷十六〈論刪去九經正義中讖緯箚子〉，頁246。
〔註74〕皮錫瑞《經學歷史・經學統一時代》頁223。

所作

據《歐陽文忠公文集》所載，歐陽修關於孔子是否作〈繫辭〉的這個問題，在仁宗景佑四年（西元 1073 年）所作的〈易或問三首〉一文中已經注意到這個問題。〔註 75〕而後於〈易童子問〉中更詳細的提到：「童子問曰：〈繫辭〉非聖人之作乎，曰何獨〈繫辭〉焉，〈文言〉〈說卦〉而下，皆非聖人之作而眾說混淆，亦非一人之言也」，〔註 76〕歐陽修從孔子生卒年代與經義相互矛盾之處論〈繫辭〉〈文言〉〈說卦〉非孔子所作，乃後人所偽託。

2. 《詩序》作者的懷疑

歐陽修有《詩本義》十六卷，用以批評毛鄭之學。〔註 77〕《詩本義》卷二〈野有死麕論〉中說：「詩序失於二南者多矣，孔子曰：三分天下有其二，以服事殷，蓋言天下服周勝德者過半爾。說者執文害意……」〈桃夭〉〈摽有梅序〉云：「婚姻男女得時，又似不應有訟。」〈野有死麕序〉則又云：「天下大亂，強暴相陵，遂成淫風，被文王之化者，雖當亂世，猶惡無禮也。」〔註 78〕歐陽修據詩序內容前後互相矛盾之處質疑毛、鄭之學，研判詩序可能為後人偽作所增入。

3. 《禮記‧中庸》是否為子思之作

歐陽修於〈問進士策三首之三〉談到：「《中庸》出於子思，子思，聖人之後也，其所傳宜得其真。而其說有異乎聖人者何也？論語曰：吾十有五而志於學，三十而立，四十不惑，五十而知天命。蓋孔子自年十五而學，學十五而後有立，其道又須十年而一進，孔子之聖，必學而後至，久而後成，而《中庸》曰：自誠明謂之性，自明誠謂之教。……孔子必須學，則中庸所謂

〔註 75〕自從司馬遷於《史記》中提出「孔子晚而喜易，序〈彖〉〈象〉〈說卦〉〈之言〉」，歷經一千餘年至於宋，讀書人對於孔子作易深信不疑。宋代的陽修首開懷疑之風，見於《歐陽文忠公集‧居士集》卷十八〈易或問三首〉。歐陽修考辨孔子之生卒年代而認定〈文言〉為後人偽託之作：「吾嘗以譬學者矣，元者，善之長，亨者，嘉之會，利者，義之和，貞者，事之幹，此所謂文言也。方魯穆姜之道此言也，在襄公之九年，後十有五年而孔子生，左傳之傳《春秋》也，故多浮誕之辭然其用心，亦必欲其書之信後世也。使左氏知〈文言〉為孔子作，必不以追附穆姜之說而疑後世。蓋左氏者，不意後世矣〈文言〉為孔子作也。」

〔註 76〕《歐陽修全集》卷七十八，〈易童子問三首〉。頁 453。

〔註 77〕《四庫全書總目提要》卷十五，〈毛詩本義〉條下云：「自唐以來說詩者未敢議毛鄭，雖老師宿儒亦謹守小序。至宋新義日增，舊說棄廢，推斷原始，其發於修。」頁 185。

〔註 78〕《歐陽修全集》卷三十五〈野有死麕序〉，頁 238。

自誠而明，不學而知之者，誰可以當歟？故予疑其傳之謬也。吾子以爲如何？」

從以上諸例，可以歸納出歐陽修疑經的立場，從〈文言〉、〈說卦〉到〈詩序〉《中庸》似乎歐陽修其著重的方向在於儒家經典作者的考辨上。值得觀察的是歐陽修疑經的判準爲何？我們以《中庸》爲例，似乎歐陽修考辨《中庸》一書的方法，判準是建立在孔子的思想上來說的，他認爲其作者子思既爲孔子之後，理應在思想上有一脈相承之處，因此他以孔子思想中「聖人必學而後至」的觀念質疑《中庸》所謂「自誠而明」的觀念，對於《中庸》經文中「自誠而明」之說，以不必學而可達聖人之境的說法抱持疑惑，因爲孔子思想中並沒有「自誠而明」這樣的觀念，從而歐陽修判斷《中庸》的作者，應不是子思，可能是後人附會於子思。因此，歐陽修疑經判準似乎是以正統儒家思想爲判準，如孔子之言，來剔除不屬於儒家思想之僞作。另外，在司馬光方面，宋神宗熙寧二年（西元 1069 年）司馬光於〈論風俗箚子〉抨擊當時疑經的風氣：

> 竊見近歲士大夫好爲高奇之論，喜誦《老》、《莊》之言，流及科場，
> 亦祖習尚，新進後生，口傳耳剽，有讀《易》未識卦爻，已謂十翼
> 非孔子之言，讀《禮》未知篇數，已謂《周官》爲戰國之書，讀詩
> 未盡〈周南〉〈召南〉，謂毛鄭爲章句之學，讀《春秋》未知十二公，
> 已謂三傳可束之高閣。〔註79〕

司馬光此段奏折作於熙寧二年，正值王安石變法時期，他指出了當時士大夫之疑經的現象，在《易經》的理解上，不求甚解就懷疑十翼非孔子之言，讀《周官》未知篇數，就懷疑爲戰國之書，讀《詩經》還未看過〈周南〉〈召南〉就說毛鄭的《詩經》爲章句之學，讀《春秋》未理解十二公，就以爲三傳不足信而束之高閣。顯然的，他指出當時浮濫疑經的一個現象。可以思考的是，司馬光特別注意到疑經風氣中有關於儒家經典的作者問題，也就是說，他對於士大夫不細讀經典就胡亂懷疑作者之權威，頗不以爲然。歸納以上所述，從歐陽修與司馬光疑經的觀點，顯示其二人對於經書之懷疑，其偏重的方向，比較偏向於有關於經書作者的考辨上。

第五節　小　結

本章乃從北宋的時代背景因素，即王安石變法與黨爭的關係入手，目的

〔註79〕清・顧棟高《司馬溫公年譜》卷五，頁 135。

在從典籍文獻的成書時代背景上探索其學術發生之誘因。因此著重於探論兩黨變法的言論。其主要的原因，就學術史的角度而言，北宋熙寧時期王安石的變法，這項由神宗所主導的變法，對於宋代學術的影響至深且遠。因變法所引發的新舊兩黨的對立爭議，橫跨北宋與南宋長達五六十年。而新黨與舊黨的對立與爭執究竟為何，新舊黨爭的問題關乎王安石變法是何種性質的變法。本文藉此章節論述，探求新舊黨爭與王安石典籍詮釋的關連性。經由上述各節的論述，這裡歸納出以下幾點現象：

一、從祖宗之法觀念的討論來看，王安石認為「祖宗之法不足守」與「變風俗、立法度」的精神，為儒家治國思想實際化落實的一種方式。而司馬光等人完全不採信王安石的說法，變法主張是儒家治國思想的落實，而認為王安石變革祖宗制度與「變風俗、立法度」的新法制度，乃是法家管商思想的反映。因此，兩派之間的攻伐與爭執不休，導因於學術思想觀念的差異所致。

二、從儒家治國觀念的爭議，義利之辨與王霸之辨觀念的討論，我們回到儒家德治主義的思想，考察兩者的學術思想淵源。以司馬光為首的舊黨諸儒，可以認定其學術思想形態，為傳統儒家德治主義的思想形態，換言之，即是堅持道德為政治之根本的傳統儒家學術思想。而以王安石為首的新黨，對於北宋政治上所面臨的各種困境，並不主張繼續採行傳統儒家思想以道德為先的治國方式，王安石對於儒家王道的理解，傾向於以先富後教為先，其理財富國為先的主張，相對於傳統儒家王道以仁義、德行為先的治國主張，王安石可以說是一位傳統儒家思想的改革者，在治國的觀念上，主張以儒家外王的富國之道為先行的一種治國理念。因此，其學術思想形態可以說是屬於儒家外王思想的展現，所以王安石主張變法。

三、以儒家的義利觀為例，對照王安石與舊黨諸儒對於義利的看法之後，發現兩者在觀念上存在著落差。司馬光等舊黨諸儒所持的立場，乃是以傳統儒家治國之道德治的觀念來批判王安石設立各項新法目的是為了求利，因為就傳統儒家治國的理念而言，應是以陳德義，興禮樂，重義輕利等觀念為施政之方針才對，因此有舊黨諸儒有重利輕義之說。然而就王安石的立場來看，卻解釋說他的變法並非為的是「征利」，相反的新法各項政策所求的正是為了求義，他將孟子義

利之說重新詮釋，而提出「以義理財」之說，主張爲國家政事理財而求利就是孟子所謂公義的一種表現，用以反駁司馬光等人所言的新法「征利」之說。因此，我們可以說，新舊兩黨的義利之辨其實是一儒家學術觀念上的差異之爭。換句話說，他們對於儒家義利觀念有著不同的詮釋因而產生兩派之間相互的爭執。

四、綜上所述，王安石與司馬光諸儒觀念的不同，並非如前輩學者的研究，單純的只是新法政策制度上的意氣之爭。在於新法政策制度背後兩者學術思想根源上的差異，而兩者皆自許爲儒學之正統，因此，王安石變法之成敗攸關於北宋的儒學的傳統能不能維護的問題，準此觀點來看，司馬光等諸儒，以儒家德治主義的觀點，批評王安石變法不行王道，而走法家霸道的路線，正是爲了維護儒家學術的正統而起的。因此，王安石變法所引起的黨爭乃是一個儒家學術正統詮釋權之爭。

第三章　王安石的洪範學

　　王安石（西元 1021～1086 年）的學術發展大致可分成前後二期，從仁宗
慶曆二年（西元 1042 年）王安石二十二歲，進士登第爲淮南判官算起，至英
宗治平四年（西元 1067 年）尚未入朝爲相，這段期間可以稱爲前期；神宗熙
寧元年（西元 1068 年），王安石入朝爲翰林學士，三年爲中書平章事，得神
宗重用開始變法，從熙寧元年至元豐八年（西元 1068～1085 年）王安石卒，
爲期長達十八年的熙寧變法，這段期間爲後期。本文所討論的〈洪範傳〉據
王安石的弟子陸佃所言，爲英宗治平年間的作品。〔註1〕因此就王安石的學術

〔註 1〕 關於〈洪範傳〉的成書年代，學界目前仍有爭議，大致有以下兩種看法：一
　　　　是英宗時期成書的。所據的文獻是宋・陸佃《陶山集》中提到「淮之南，學
　　　　者士大夫宗安定先生之學，與獨疑焉。及得荊公〈淮南雜説〉與〈洪範傳〉，
　　　　心獨謂然。于是願歸臨川先生之門。」王安石的弟子陸佃於英宗時期便親眼
　　　　所見其書，因此認爲〈洪範傳〉是王安石在入朝爲相之前的作品。第二種説
　　　　法是神宗熙寧末年至元豐初年成書的。根據的文獻是清・蔡上翔《王荊公年
　　　　譜考略》，將〈洪範傳〉繫於熙寧十年條下，蔡上翔認爲：「其進御，必於于
　　　　元豐之世，又無年月日可考，故錄於熙之末、豐之初。」而有熙寧末年至元
　　　　豐初年的説法。
　　　　據筆者的查閱，王安石於〈進洪範表〉的文字片段記載了：「謹取舊有所著〈洪
　　　　範傳〉刪潤繕寫，輒以草介之微，求裕天地。」，表示洪範傳有其舊本，可能
　　　　是英宗時期的草稿，後來王安石將它重新刪潤改寫上獻於神宗，此段引文顯
　　　　示〈洪範傳〉有新舊二本。此外，據李燾《續資治通鑑長編》於熙寧三年十
　　　　月甲戌條下記載一事，即「安石進所著洪範傳，上手詔答之。」李燾記載〈洪
　　　　範傳〉上呈於神宗的時間，若把兩條材料放在一起看，可以論斷〈洪範傳〉
　　　　草稿成書應陸佃親眼見到的英宗時期，後王安石於熙寧年間刪潤改寫，改寫
　　　　後正式上呈的時間應是李燾所記載的神宗熙寧三年十月。
　　　　而《尚書新義》《周官新義》《詩經新義》三部著作，據《續資治通鑑長編》

思想而言，可以說是窺探他前期思想的一部重要作品。

　　本文試圖探論王安石與《尚書‧洪範》之間的關係。目前學界在王安石所詮釋的典籍研究當中，比較為人所熟知的有《周官新義》、《尚書新義》、《詩經新義》三部著作，至於〈洪範傳〉，筆者並沒有發現相關的專論，多是零散附帶的討論。〔註2〕然而就王安石的學術思想的挖掘而言，〈洪範傳〉無疑的是他早期學術思想的重要作品，因此本文從王安石前期的重要作品〈洪範傳〉入手，亦可作為我們觀察王安石後期在詮釋《三經新義》時，其觀念上有沒有什麼異同之處。

　　考索於王安石的年譜，英宗治平年間王安石正在江寧居喪並且講學，據其弟子陸佃的說法當時已見到王安石〈淮南雜說〉與〈洪範傳〉兩部作品，〔註3〕考索於全祖望之說〈淮南雜說〉已亡佚不可考，〔註4〕而英宗時期〈洪範傳〉面貌為何我們也不得而知；而後神宗熙寧元年（西元 1068 年）王安石從江寧入京師由翰林學士轉任參知政事一職，便開始積極著手研擬各項新法的推動。據《續資治通鑑長編》的記載，王安石曾於神宗熙寧三年（西元 1070 年）重新刪潤改寫舊有的〈洪範傳〉上呈神宗，值得注意的是英宗治平時期至神宗熙寧三年，當中經歷六七年的光景，王安石為什麼要重新改寫〈洪範傳〉，與當時積極推動的變法是否有著什麼樣的關連？本文試圖以此方向作為切入的觀察點，分成兩個部分，第一部份探討王安石變法取用《尚書‧洪範》此一文獻的成因為何？第二部分考察他如何重新詮釋《尚書‧洪範》，與當時的學術環境有沒有關連？

　　　　記載是於神宗熙寧八年六月立於學官，可判定其成書較〈洪範傳〉為晚。
〔註2〕例如，王明蓀認為對於王安石的〈洪範傳〉有如下的看法：「洪範傳是王安石重要的哲學著作，其中以五行思想為材料，通過他特有的解釋，提出了一種以五行為中心觀念的世界圖式。」他將洪範傳定位在哲學著作，集中探討〈洪範傳〉的宇宙觀。見王明蓀《王安石‧王安石的宇宙論》。（台北：東大圖書公司，民國 83 年 10 月版）。語見，頁 22。
　　　　夏長樸於《王安石的經世思想》第二章第一節論道體，將〈洪範傳〉放置在宇宙生成與道體上的討論。請參見（台北：台灣大學中文研究所碩士論文，民國 69 年初版），頁 14～17。
〔註3〕陸佃的《陶山集》卷十五〈傅府君墓志〉：「淮之南，學者士大夫宗安定先生之學，與獨疑焉。及得荊公〈淮南雜說〉與〈洪範傳〉，心獨謂然。于是願歸臨川先生之門。」引自全祖望補《宋元學案》卷九十八，荊公新學略。
〔註4〕王安石的《淮南雜說》今佚，全祖望補《宋元學案》卷九十八，〈荊公新學略序錄〉約略記載如下：「荊公〈淮南雜說〉初，見者以為孟子。老泉文初出，見者以為荀子。已而具訟大起。」請參見（台北，華世出版社，1987 年 9 月台一版），頁 3237。

第一節　王安石重新詮釋〈洪範傳〉之成因探討

一、儒學異端的王安石——從王安石與司馬光的變法論爭談起

　　關於王安石變法與《尚書·洪範》的關係，首先可從北宋初年的學術環境的氛圍談起。北宋初年至宋眞宗年間，儒學並未形成政治及文化上的主導力量，〔註5〕後經由范仲淹、歐陽修等人的提倡，儒者的地位有顯著的提昇。仁宗慶曆四年三月，下詔改革科舉制度，肯定儒者治世的理念，而有儒學滿朝的盛況。〔註6〕就當時而言，如司馬光便以儒者自許，而當時一般習讀經書之人，亦以儒者自稱。〔註7〕

　　因此，儒學便成爲主導政治時局最重要的一股力量，而王安石走的是一條反其道而行的路，他是以一個儒學改革者的姿態自居。神宗熙寧元年四月，王安石剛入朝爲翰林學士時即上呈〈本朝百年無事箚子〉，抒發他對當時政局的觀察：

> 然本朝累世因循末俗之弊，而無親友群臣之議，人君朝夕與處，不
> 過宦官、女子，出而視事，又不過有司之細故，未嘗如古大有爲之
> 君，與學士大夫討論先王之法以措之天下也。一切因任自然之理勢，
> 而精神之運有所不加，名實之間有所不察。君子非不見貴，然小人
> 亦得廁其間；正論非不見容，然邪説亦有時而用。以詩賦記誦求天
> 下之士，而無學校養成之法；以科名資歷敍朝廷之位，而無官司課

〔註5〕宋·王禹稱《小畜集》卷十九〈送孫何序〉：「國家乘五代之末，接千歲之統，創業守文垂三十載，聖人之化成矣，君子之儒興矣。然而服勤古道，鑽仰經旨，造次顛沛不爲仁義，拳拳然以立言爲己任蓋亦鮮矣。」北宋自開國以來，儒學方興未艾，當時黃老思想在政治具有主導的影響力。（台北·商務印書館，民國54年版）

〔註6〕宋·李燾《續資治通鑑長編》卷一百四十七，仁宗詔曰：「儒者通壓天地人之理，明古今治亂之源，可謂博矣。」請參見（台北，世界書局版，楊家駱主編，民國63年6月三版）。

《宋史》卷三百一十九，〈劉敞傳〉亦載慶曆中儒學滿朝之景況：「方議定大樂，使中貴人參其間，敞諫曰王事莫重於樂。今儒學滿朝，辯論有餘，而使若趙談者談者參之，臣懼爲袁盎笑也。」（台北，鼎文書局，民國64年版）

〔註7〕宋·司馬光《司馬文正公傳家集》卷六十九，〈論若訥〉中司馬光自稱曰儒：「光，儒者素不習釋氏書。」此外於卷六十四〈顏太初雜文序〉司馬光云：「今世之士大夫言必自稱曰儒。」其言論顯示北宋從仁英時期起，儒學已成爲影響政治最主要的力量。（台北·商務印書館，民國54年版）

試之方。監司無檢察之人，守將非選擇之吏；轉徙之亟，既難於考績；而游談之眾，因得以亂眞；交私養望者，多得顯官；獨立營職者，或見排沮。故上下偷惰，取容而已，雖有能者在職，亦無以異於庸人。農民壞於繇役，而未嘗特見救恤，又不爲之設官以修其水土之利；兵士雜於疲老，而未嘗申敕訓練，又不爲之擇將而久其疆場之權。宿衛則聚卒伍無賴之人，而未有以變五代姑息羈縻之俗；宗室則無教訓選舉之實，而未有以合先王親疏隆殺之宜。其於理財，大抵無法，故雖儉約而民不富，雖憂勤而國不強。賴非夷狄昌熾之時，又無堯、湯水旱之變，故天下無事，過于百年，雖曰人事，亦天助也。〔註8〕

王安石在這段敍述中有二個重點：一、宋朝自宋太祖建隆元年（西元960年）立國以來至神宗熙寧元年（西元1068年），經過了百餘年，在國政上累積了許多的問題，舉凡科舉制度，軍事、水利、邊防等，王安石一一陳述弊端之所在，並且進一步勸誡神宗不要被表面看來似乎平靜的國事所蒙蔽，鼓勵神宗應有所作爲，重新整頓國政。二、王安石將國政問題的焦點，指向於「理財無法」此一制度面上的問題，他認爲上述科舉、軍事、邊防等問題，若付諸於改革，其所仰賴的先決條件在於完善的理財制度，〔註9〕理財乃爲國政改革首要之事。

宋神宗採納了王安石的意見，就在隔一年，熙寧二年二月（西元1069年）任命王安石爲右諫議大夫參知政事，相當於副宰相的職位，並且積極的籌劃新法，《續資治通鑑長編》記載神宗與安石對話：「帝曰：「然則卿所設施，以何爲先？」安石曰：「末世風俗，賢者不得其道，不肖者得行無道，賤者不得行禮，貴者得行無禮，變風俗，立法度，正方今之所急也。」而就此展開以理財爲主軸的各項變易舊制的措施。

〔註8〕 明‧陳邦瞻等撰《宋史記事本末》卷三十七，神宗熙寧元年四月條下。本文所據的本子爲（台北鼎文書局，楊家駱主編，民國67年3月初版）引文請見，頁2196。

〔註9〕 王安石於仁宗嘉祐四年（西元1059年）〈上仁宗皇帝言事書〉一文中就已經論及治國理財的重要性：「則財用之所不足，蓋亦有說矣。吏祿豈足計哉，臣於財利固未嘗學，然竊觀前世治財之大略矣。蓋因天下之力，以生天下之財，取天下之財，以供天下之費。自古治世，未嘗以不足爲天下之公患也，患在治財無其道耳。」參見《王安石全集》卷一，奏議〈上仁宗皇帝言事書〉。本文所據的本子爲（台北，河洛出版社，民國63年10月初版），頁7。此外，市面上所流通的本子另可參考世界書局楊家駱所主編的《王臨川全集》一書。

　　王安石亟欲更革舊制的作風，引起了保守派儒者的反對，就在王安石開始變法的同一年，熙寧二年（西元 1069 年）十一月，司馬光即大聲疾呼反對王安石變法，他所持的理由爲：

> 武王克商，曰：「乃反商政，政由舊，雖周，亦用商政也。」《書》曰：「毋作聰明，亂舊章。」然祖宗舊法，何可變也？漢武帝用張湯之言，取高帝法紛更之，盜賊半天下。宣帝用高帝舊法，但擇良兩千石使治民，而天下大治。元帝初立，頗改宣帝之政，丞相衡上疏言：「臣竊恨國家釋樂成之業，虛爲此紛紛也。陛下視宣帝、元帝之爲政，誰則爲優？」荀卿曰：「有治人，無治法。」固爲治在得人，不在變法也。〔註10〕

司馬光以《尚書》爲據，言中國歷朝以來，變更祖宗舊法之弊，他以漢武帝與漢宣帝兩朝歷史事件相較之，說明變更祖宗舊法必會招致國家的混亂與衰敗。司馬光以此說法，來質疑王安石變法的目的，並提出他的治國理念「爲治在得人，不在變法也」。從上述王安石與司馬光兩者不同的治國理念，可以有兩個觀察點：一、兩人在治國的問題上，存在著不同的認知，司馬光認爲「爲政在得人」，王安石認爲「爲政在變法」。二、就傳統儒家的觀點而言，王安石主張變法，顯然是儒學的一個岐出，因爲傳統儒家所講的治國之道，主張的是王道、以德服人的一種治國理念，而非如王安石主張變法，更張改革舊有制度的治國理念，兩者顯然有落差，也就是因爲此王安石在變法時期被批評爲是一個法家，當時反對變法儒者，如范純仁、劉琦、錢顗等人皆言王安石的變法，乃爲法家的管商之術。〔註11〕近人陳啓天亦認爲王安石具有

〔註10〕《續資治通鑑長編拾補》卷六，熙寧二年十一月庚辰條下，頁 2196。

〔註11〕此處舉二例爲證：其一，《宋史記事本末》卷三十七，熙寧二年八月丙午條下：「范純仁上疏曰：王安石變祖宗法度，培克財利，民心不寧，書曰：『怨豈在明，不見是圖。』願陛下圖不見之怨。及薛向行均輸法於六路，純仁言：「臣嘗親奉德音，欲修先王補助之政。今乃效桑弘羊均輸之法，而使小人爲之塗炭生靈，斂怨基禍。王安石欲求近功，忘其舊學，尚法令則稱商鞅，言財利則背孟軻，鄙老成爲因循，斥公論爲流俗，合意者爲賢，異己者爲不肖。劉琦、錢顗等，一言便蒙降黜，在廷之人，方大半趨附，陛下又從而驅之，其將何所不至！宜速還言者而退安石，以答中外之望。」，頁 330。

其二，《宋史記事本末》卷三十七，熙寧二年八月壬午條下：「八月，侍御史劉琦、監察御史裏行錢顗等言：薛向小人，假以貨泉，任其變易，縱有所入，不免奪商賈之利，安石執政以來，專肆胸臆，輕易憲度。陛下欲致治如唐、虞，而安石操管、商權詐之術，規以取媚，遂與陳升之合謀，侵三司利炳，

法家的傾向，他認為王安石堅持以變法改革北宋神宗熙寧的國政，這種主張是同於法家思想，他談到：「通常以為王安石是個儒家，然而他卻不是一個純粹的儒家，而是雜有法家意味的儒家，安石生在儒家理學極盛的宋代，自然難完全逃出儒家的範圍，不過他的性格、主張與設施都有法家的傾向。他之所以遭當時其它學者強烈反對的原因即在於此。因為儒家素重法祖，而他卻要變法。」〔註12〕總而言之，王安石在當時是以一個儒學改革者的姿態出現，但是在治國方式上他主張變法以改易更革舊制，與傳統儒家素重法祖的治國理念有相當大的不同，如陳啟天所言王安石可說是一位雜有法家色彩的儒者。在北宋熙寧時期的學術環境之中，出現了「為政在得人」或「為政在變法」二種政治主張不同調的聲音，王安石因其治國理念與學術路向與當時儒者不同所致，他被歸類為儒學異端並且引起眾多的批評。

二、儒家六藝經典的新詮釋

王安石於變法期間，重新詮釋儒家經典，作為變法之理論一依據，〔註13〕本節試著討論王安石重新詮釋經典的成因？在經學的態度上，王安石批判當時的經學現象說道「今之經學，古之儒生」，〔註14〕並且「後世可謂儒者，大抵皆庸人」，〔註15〕王安石於〈書洪範傳後〉感嘆的說道：

取為已功，開局設官，用八人分行天下，驚駭勿聽，動搖人心。去年因許遵妄議案問自首之法，安石任一偏之見，改立新議以害天下。先朝所立制度，自宜世守勿失，乃欲事事更張，廢而不用。疏上，安石奏貶琦、顥，司馬光言琦、顥所坐，不過疏直，乞還其本資，不報」。頁331。

〔註12〕陳啟天《中國法家概論》（民國叢書，上海書店影印本，1992年版），頁90。
〔註13〕此處儒家典籍，意指中國傳統「六藝」之學。六藝與儒家的關係，據錢穆在《秦漢史》說法：「劉父子編造七略，六藝與儒家分流。是儒亦百家之一，不得上儕於六藝，故漢人之尊六藝，並不以為其儒書而尊。」但六藝自孔子以來，早為儒家所用，漢代中葉，宣帝時期六藝有儒家化的趨勢，至西漢末年時，六藝就已進入儒的詮釋系統之中，因此，六藝之學與儒家的淵源甚早。參見（台北，聯經出版社，民國84年版）
〔註14〕《王安石全集》卷四十四，論說〈取材〉云：「今之經學，古之儒生」，頁151。宋初孫復早就提出宋代科舉之弊，在《孫明復小集》中〈寄范天章書之一〉曰：「國家踵隋唐之舊，以詩賦取人，故天下之士，皆致力於聲病對偶之間。探索聖賢之蘊奧者，百無一二。」按宋初承唐餘風，科舉以詩賦取士，孫復批評科舉制度所引發出來的弊病，而有關於古籍之中聖賢的微言大義，乏人問津。（台北，商務印書館，民國67年版）
〔註15〕《宋史》卷二百三十七，〈王安石傳〉：「熙寧二年二月，王安石拜參知政事，上謂曰：人皆不能知卿，以為卿但知經術，不曉世務。安石對曰，經術者，

孔子沒，道日以衰熄，浸淫至於漢，而傳注之家作。爲師則有講而無應，爲弟子則有讀而無問；非不欲問也，以經之意爲盡於此矣，吾可無問而得也。豈特無問，又將無思，非不欲思也，以經之意爲盡於此矣，吾可以無思而得也。夫如此，使其傳注者皆已善矣，固足以善學者之口耳，不足善其心；況其有不善乎？宜其歷年以千數，而聖人之經卒於不明，而學者莫能資其言以施於世也。〔註16〕

此處他批評漢代以來的經學現象，在王安石看來自孔子以降，過渡至漢代及唐代，章句訓詁之學大盛，以致聖人經典微言大義被埋沒於章句訓詁之中，沿襲至宋代讀書人對於經典的理解常常是取決於章句訓詁之學，王安石認爲千年以來讀書人皆以此套方式去理解經典的意義，而使「聖人之經卒而不明」，就治理國家而言，章句訓詁之學實無法施用於國家政事之上。面對此一問題王安石提出他的見解，認爲問題的根源出在中國傳統六藝之學的詮釋問題上：

臣聞百王之道雖殊，其要不過於稽古，六藝之文蓋缺，所傳猶足以範民。唯其測之而彌深，故或習矣而不察，紹明精義，允屬昌時。伏惟皇帝陛下，有堯舜之文明，有湯之勇智，以身爲度，動皆應於乾行，肆筆成書，言必稽於聖作。欲推闡先王之大道，以新美天下之英材，宜得醇儒，使陪休運。〔註17〕

這裡值得注意的論點有二：一是強調「六藝」的重要性，王安石認爲中國傳統的六藝之學可以作爲後世政教的典範。問題出在經書的詮釋權上，從漢代以來「六藝之文蓋缺」，經典本身又深奧難明，自漢以來儒生從故訓、傳說、注疏不同的角度去詮釋六藝，以明經典的義蘊。但王安石認爲用傳統的故訓、傳說注疏的方式去理解六藝，這一套方法並無法得知聖人制作經典的微言大義。漢代以來所承傳下來有關於六藝經典的看法，是可以被打破的。〔註18〕因此，就六藝詮釋問題而言，王安石以「稽古」、「復古」爲名，重新思考宋代儒家六藝經典的問題。他認爲唯有不受漢唐經句的束縛，回歸於聖人的經

所以經世務，但後世所謂儒者，大抵皆庸人。故世俗皆以爲經術不可以施於世務者也。」王安石於此提出以理財經術治國的主張，而受神宗重用。

〔註16〕《王安石全集》卷四十六，雜著，〈書洪範傳後〉，頁168。
〔註17〕《王安石全集》卷八，奏議，〈詔進所著文字謝表〉，頁67。
〔註18〕《王安石全集》卷三十，書啓〈答吳孝宗書〉：「若欲以明道，則離聖人之經，皆不足以有明也」頁24。王安石此處闡明正道是不能偏離聖人經典而去推求的，推崇聖人之經爲教化天下百姓之典範。

典之中，三代聖王之治是可以付諸實現的理想。

　　二、王安石此處以復古爲名，向神宗提出重要整理六藝文字義理的想法。這裡必須釐清的是，六藝與復古有著什麼樣的關係？首先我們須先釐清六藝的性質，六藝與儒家的淵源頗深，從漢代以來六藝就與儒家有著密不可分的關係。自周朝末年王官失守，原屬於官學的六藝流落至民間，經由孔子以其思想詮釋六藝並爲之教材，受業的弟子眾多。〔註19〕孔子沒世之後六藝傳於儒生之手，〔註20〕儒生以孔門思想來詮釋六藝，傳達儒家的學說與思想。〔註21〕換句話說，六藝思想原本是中性的，經過儒生將六藝以章句、傳注、訓詁的方式詮釋之，轉型成爲儒家所用的典籍，達到宣揚儒家學說的目的。因此，六藝自漢代以來，就成爲系統表達儒家學說的著作。〔註22〕如上所述，儒家已經有一套詮釋六藝的系統，而這套六藝系統沿襲至宋代，王安石並不滿意這套詮釋系統，因爲它並沒有貼近於聖人之道。因此他選擇了直接回歸原典，「求諸本經」探求聖人微言大義。神宗熙寧八年《詩經》、《書經》、《周禮》三經由王安石重新詮釋。相

〔註19〕　漢・司馬遷《史記》卷十七，〈孔子世家〉：「孔子以《詩》、《書》、《禮》、《樂》教，弟子蓋三千焉，身通六藝者七十有二人。如顏淵之徒，頗受業者甚眾。」（台北，鼎文出版社，民國64年版）

〔註20〕　清・劉師培《經學教科書》第一冊第六課〈孔子弟子之傳經上〉記載孔門弟子傳承六經的歷程：「孔門弟子三千人，通六藝者七十二人……而《六經》之學亦各有專書，《易經》由孔子授商瞿，再傳而爲子弓，復三傳而爲田何；《書經》之學雖由孔子授漆開雕，然師說無傳，惟孔氏世傳其書，九傳而至於孔鮒；《詩經》之學由孔子授子夏，六傳而至於荀卿，復由荀卿授張蒼，是爲《左氏》學之祖，《公》、《穀》二傳咸爲子夏所傳，一由子夏授公羊高，公羊氏世傳其學，五傳而至胡母生，是爲《公羊》學之祖，一由子夏授穀梁赤，一傳而至荀卿，復由荀卿授申公，是爲《穀梁》學之祖。是子夏、荀卿者，集六經學術之大成者也，兩漢諸儒殆皆守子夏、荀卿之學派者與！」民國叢書第二編，據寧武南氏校版影印，上海書店1990年版頁5。

〔註21〕　清・章學誠於《文史通義卷三・傳記》中說明儒者秉聖人典籍宣揚儒家學說：「周末儒者，及於漢初，皆知著述之事，不可自命綯經，蹈于妄作。又自以立說，當秉聖經以爲宗主，遂以所見所聞，各筆於書，而爲傳記。若二《禮》諸記，《詩》、《書》、《易》、《春秋》諸傳是也。蓋皆依經起義，其實各自爲書，與後世箋注自不同也。」請參見（台北，漢京出版社，民國75年版）

〔註22〕　此概念是據清・周予同〈六經與孔子的關係問題〉而來，他說：「孔子根據自己的哲學，政治和歷史見解，對大量的古代文獻進行篩選，保存了很多有價值的歷史資料，也使六經成爲系統表達儒家學說的著作，隨著封建社會的發展，儒家學派地位的變化，而被封建統治者尊爲經典；現存的經書，其中有孔子整理過的，也摻雜著後來儒家學派的著述。」請見《群經概論》（民國叢書第二編，商務印書館影印本，上海書店1990年版），頁14。

對於當時其他遵守漢代以來由儒家所詮釋六藝觀點的學者而言，王安石欲修改聖人之經的想法，可以說是離經叛道的，也是後來《三經新義》遭遇眾多儒者非議的的一個主因。

在熙寧變法期間，王安石引《周禮》爲變法的理論依據，談《周禮》與均輸法、青苗法的淵源並引《周禮》內容說明變法的正當性。而反對變法的儒者對王安石此舉甚表不滿，李常則言安石此舉與王莽無異，言其「傅會經義，人且大駭，何異王莽猥析周官片言以流毒天下！」〔註23〕韓琦亦批評王安石的青苗法竄改《周禮》經義而言：「用偏辭曲爲沮難，及引《周禮》國服爲息之說，文其謬妄，將使無敢復言其非者，臣不勝痛憤。」。〔註24〕因此，王安石提出重新整理六藝經典的原因，我們以學術源流的觀點來看，王安石不認同漢唐注疏訓詁之學，而欲直承孔孟。以「復古」爲名，提出回歸原典直求本經的想法，重新理解聖人之微言大義。他的這一套想法，之後得神宗的支持之下，於熙變法時期重新詮釋六藝典籍，付諸於實現。其次，王安石重新整理六藝典籍的成因亦與變法有關連，如他引《周禮》之言作爲變法改革的依據，王安石是否附會或竄改聖人經典，確實引起了宋代諸儒相當大的非議與討論。

三、王安石的復古觀念與託古改制

上節我們討論，王安石與儒家傳統六藝經典的關係，而本節則接續探討王安石的「復古」觀念從何而來？據文獻的記載王安石復古觀念的提出，最早是在仁宗嘉祐三年（西元 1058 年）〈上仁宗皇帝言事書〉一文中所提出：

> 今朝廷法嚴令具，無所不有，而臣以謂無法度者，何哉？方今之法

〔註23〕李常之言參見《續資治通鑑長編拾補》卷七，熙寧三年二月癸未條下云：「右正言李常，熙寧初爲秘閣校理，王安石與之善，以爲三司條例詳檢司改右正言知諫院，安石立新法常預議不欲青苗收息，至是疏言：「條例司始建，已致中外之議，至於均輸、青苗散斂取息，附會經義，人且大駭，何異王莽猥析《周官》片言，以流毒天下。」頁2214。

〔註24〕韓琦之言見《續資治通鑑長編拾補》卷七，熙寧三年三月乙未條下：「韓琦再上疏言：今准都進奏院牒，卻蒙置制司以臣言皆爲不當，臣看詳置制司疏駁事件，即將臣元奏要切之語多從刪去，唯舉其大概，用偏辭曲爲沮難及引《周禮》國服爲息之說，文其謬妄，將使無敢復言其非者，臣不勝痛憤……如臣所言不當及甘從竄誣，若是制置司處置乖方，天下必受其弊，即乞依臣前奏盡罷諸路提舉官，只委提點刑獄臣僚，依常平舊法施行以慰眾心。」頁2119。

度多不合乎先王之政故也。孟子曰:「有仁心仁聞,而澤不加於百姓者,爲政不法於先王之道故也。」以孟子之說,觀方今之失,正在於此而已。

夫二帝三王,相去蓋千有餘載,一治一亂,其盛衰之時具矣。其所遭之變、所遇之勢亦各不同,其設施之方亦皆殊,而其爲天下國家之意,本末先後,未嘗不同也。故臣曰:「當法其意而已。法其意,則吾所改易更革,不致乎傾駭天下之耳目,囂天下之口,而固已合先王之政矣。」〔註25〕

王安石在闡述其復古觀念時,特別值得注意有二點,一者就歷代制度而言,他不願意師法漢唐,而至直接以三代的制度爲師法的典範,他推舉《孟子・離婁》之言曰:「有仁心仁聞,而澤不加於百姓者,爲政不法於先王之道故也。」他推崇三代的制度,並以此爲基準言當時制度之缺失,其原因就在不法先王之政。但就法三代制度的態度上,他特別強調並非眞正回歸到三代的制度,而僅只是「法其意」而已。〔註26〕二者,爲何提出「法其意」的觀點?王安石於文中解釋曰:「法其意,則吾所改易更革,不致乎傾駭天下之耳目,囂天下之口,而固已合先王之政矣」,我們可看出,王安石的焦點仍是扣緊在變法的問題上,變法的諸多措施皆更張祖宗之舊法,爲了彌平反對的聲浪,他將變法的原因,與三代先王制度相結合,以服天下之人心,可以說他不得不採行的一個策略。

王安石的此種復古論調,也表現在其對禮樂制度的看法之上,在文集之中,有一條資料如下:

問述詩書傳記百家之文,二帝三王之所以基太平而澤後世必曰禮樂云,若政與刑,其助爾。禮節之,樂合之,人已大治之後,其所謂助者幾不用矣。下三王而王者亦有議禮樂之情者乎?其所謂禮樂如何也?儒衣冠而言制作者,文采聲音云而已。基太平而澤後世儻在

〔註25〕《王安石全集》卷一・奏議〈上仁宗皇帝言事書〉,頁1。

〔註26〕王安石所謂的「法先王之政」有其獨特的看法,他提出「法其意」的觀念,因爲每個朝代因時勢的不同所面臨問題都並不相同,王安石因此認爲將先王的制度全盤的行諸於後世,這條路是行不通的,因爲先王在草創制度之初,皆是因時制宜的訂定出符合當世的法律與制度。因此「法其意」的意義,乃是效法古代聖人治國之精神與其設立制度的用心,以復古爲名改革弊政。有關王安石復古觀念的相關資料,可參考日人・東一夫《王安石新法の研究・第三編王安石的政治思想・第二項王安石の復古主義的具體例》一文。(日本東京・風間書房,昭和四十五年四月版),頁936。

此邪？宋之爲宋久矣，禮樂不接於民之耳目何也？抑猶未可以制作

邪？董仲舒王吉以爲王者未制作，用先王之禮樂宜於世者。〔註27〕

此段話中王安石主要在討論一個重要的議題，即有關於宋代的禮樂制度該走什麼樣的方向？他反省宋代自開國以來，禮樂不接於民之耳目的原因爲何？他列舉了上古二帝三王時期，禮樂制作精神與後世禮樂制作的情形作一個對比，他認爲上古時期古聖先王用心的制禮作樂，後世的人並不瞭解禮樂制作眞正的內涵，以爲只是文采聲音而已。王安石因此提出宋代的禮樂制度不能沿襲前者的錯誤，改革的方向應放在效法先王制禮作樂精神，更張現今的禮樂制度，以新的禮樂制度取代舊有的，方能解決禮樂不接於民的問題。文中以漢代的董仲舒與王吉爲例，他們曾經效法先王的制禮作樂精神，選擇合宜之禮樂制度更替舊制而施用之。同樣的，就宋而言之，舊有的禮樂制度各項條文已經不合時宜，唯有仿效先王制禮作樂之精神，重新制定新的禮樂制度才能符合宋代的需求。王安石正是以這種「復古」觀念，即回復聖賢制禮作樂的精神，表達改易變革禮樂制度的想法。

接著討論王安石復古觀念，如何與變法相互結合？參酌於文獻，從共時性的角度觀察之，探討其原因。據我們所知，王安石的復古觀念最早提出的時間是在仁宗嘉祐三年，考索所於同時期王安石其他的作品，如嘉祐四年（西元 1059 年）的〈議茶法〉，嘉祐五年（西元 1060 年）的〈度支副史廳題名記〉、嘉祐六年（西元 1061 年）〈上時政疏〉此三篇作品，〔註28〕從這三篇作品所關注的議題來看，王安石都將其焦點放以理財爲中心的相關問題上，此處以〈度支副史廳壁題名記〉爲例：

夫合天下之眾者財，理天下之財者法，守天下之法者吏也，史不良，則有法而莫守；法不善，而有財則莫理。有才而莫理，則阡陌閭巷之賤人，皆能私取予之勢，擅萬物之利，以與人主爭黔首，而放其無窮之欲，非必貴強桀大後能。然則善吾法，而擇吏以守之，以理天下之財，雖上古堯舜猶不能毋以此爲先急，而況於後世之紛紛乎？

〔註29〕

〔註27〕《王安石文集》卷七十，論議〈策問第六〉，頁145。
〔註28〕〈議茶法〉、〈度支副史廳壁題名記〉、〈上時政疏〉三篇作品的時代之先後，本文是據清・蔡上翔《王荊公年譜考略》考證的年代而排列之。
〔註29〕《王安石全集》卷二十六，序記〈度支副史廳壁題名記〉，頁158。

從上所述，筆者認爲王安石的復古觀念，其實是以變法爲核心所提出的一個觀念。因爲王安石在國政的改革上，極力表示理財制度應有所變革，方能回應宋代所面臨的財政困難，他大聲疾呼理財的重要性：「雖上古堯舜猶不能毋以此爲先急，而況於後世之紛紛乎？」。之後王安石入朝，在推動變法期間，亦以復古爲名，結合儒家六藝典籍爲變法立論的基礎，名正言順的推行變法。神宗熙寧五年十二月（西元 1072 年），王安石於〈上五事箚子〉一文中談論變法的主要理念都源自於「師古」，如「免役之法出於《周官》」，「保甲之法起於三代丘甲」，「市易之法起於周之司市」。〔註30〕他以復古爲名，託聖人典籍《周禮》推行變法，如免役、市易、保甲諸項新法。〔註 31〕總而言之，王安石所提倡的復古觀念，其最主要的目的乃在於「託古改制」。而所謂的託古有二層意義：一是託三代之制度，二是託三代以來聖人的經典，以此行改易更革舊有制度的各項變法活動。《四庫總目提要》在王安石《周官新義》的案語下云：「安石之意，本以宋當積弱之後，欲濟之以富強，又懼富強之說必爲儒者排擊，於是附會經義，以鉗儒者之口，實非眞信《周禮》爲可行。」有關於《周禮》中的三代政治制度，行於後世的諸多困難王安石自己十分清楚。《四庫總目提要》此一案語，可說是一公允的論斷，可作爲王安石「託古改制」的補充說明。

四、《尚書・洪範》的定位問題

本節討論王安石與《尚書・洪範》關係，亦即《尚書・洪範》對王安石而言是一部什麼樣的典籍？就前述脈絡而言，王安石取儒家傳統的六藝典籍

〔註30〕 《王安石全集》卷三奏議〈上五事箚子〉：「蓋免役之法，出於《周官》所謂府、史、胥、徒，王制所謂庶人在官者也。然而九州之民，貧富不均，風俗不齊，版籍之高下不足據，今一旦變之，則使之家至戶到，均平如一，故免役之法成，則農時不奪，而民力均矣。保甲之法，起於三代丘甲，管仲用之齊，子產用之鄭，商君用之秦，仲長統言之漢。而非今日之立異也。市易之法，起於周之司市、漢之平準，今以百萬緡之錢，權物價之輕重，以通商而賈之，令民以歲入數萬緡息。然甚知天下之貨賂未甚行，竊恐希功幸賞之人，速求成效於年歲之間，則吾法驟矣。臣故曰：三法者，得其人緩而謀之，則爲大利，非其人急而成之，則爲大害。」頁28。

〔註31〕 宋・晁公武《郡齋讀書志》卷一上〈新經周禮義〉：「熙寧中，介甫自爲《周官義》十餘萬言。……以其書理財者居半，愛之，如行青苗之類，皆稽焉。所以自釋其義者，蓋以其所創新法盡傳著之。」（台北・商務印書館，民國54年版），頁25。

與「復古」觀念作一結合，託古立說以實行變法。而《尚書‧洪範》自古以
來就是儒家治國最重要的基本大法，就其演變而言就如同治國方略一般的重
要，而王安石重新詮釋的目的便在於因應時局重新制定一套新的治國大法。
日人內滕虎次郎在《先秦經籍考‧尚書編次考》一文當中考證《尚書‧洪範》
於各代傳承的情形，他認為從周朝末年以來《尚書‧洪範》成書於儒者之手，
發展至漢代由儒生所傳而成為儒家重要的典籍之一。〔註32〕從漢代以來一般
讀書人對於《尚書‧洪範》這部書的認識，是經過儒家所詮釋出來的治國寶
典。而《尚書‧洪範》的詮釋權一直是由儒家所掌握。對於此一儒家傳統的
治國大法，王安石是怎麼來看待？王安石於〈書洪範傳後〉言道：

> 而聖人之經卒於不明，而學者莫能資其言以施於世，予悲夫洪範者
> 武王之所以虛心而問，與箕子之所以悉意而言，為傳注者泊之，以
> 致於今冥冥也。於是為作傳以通其意。嗚呼！學者不知古之所以教，
> 而蔽於傳注之學也久矣。當其時，欲其思之深問之切而後復焉，則
> 吾將孰待而言也。孔子曰：「予欲無言，然未嘗無言也，其言也蓋有
> 不得已焉。」孟子則天下故以為好辯，蓋邪說暴行作，而孔子之道
> 幾於熄焉。孟子者不如是不足與有明也。故孟子曰：「予豈好辯哉，
> 予不得已也」，夫予豈樂反古之所以教。而重為此曉曉哉。其亦不得
> 已焉者也。〔註33〕

王安石此處談到他重新制作《尚書‧洪範》的理由。就《尚書‧洪範》而言，
他站在反省漢儒詮釋尚書的立場上而言，漢儒的詮釋造成「聖人之經卒而不
明，而學者莫能資其言以施於世」。面對《尚書‧洪範》此一治國大法因傳注
與章句的瑣碎，其大意已不復見。王安石引孔孟為據「其言也蓋有不得已焉」，
而提出自己欲重新詮釋《尚書‧洪範》的理由，他說道自己詮釋的意圖在於
「於是作傳以通其意」；試圖求諸本經以通曉《尚書‧洪範》經文的大意為主
要的精神。於是他在宋仁宗時期將自己舊作〈洪範傳〉加以刪潤修改，並於

〔註32〕日人‧內滕虎次郎《先秦經籍考》上冊：「從詩之例而考之，周頌之次，有編
入魯頌一事。即代表孔子所謂東周之思想；《尚書》之意謂言之，以〈費誓〉
終，自是當然，〈費誓〉為周公之子伯禽征伐徐淮之夷而作。因當時是對如楚
國等夷狄，寓膺懲之意者，以此而終結《尚書》，恐是孔門最初之思想。及其
後之儒家，有用於魏者，有用於齊者，有用於秦者，層層附加之，是為今日
《尚書》之形也。」（台北，河洛圖書出版社，江俠菴編譯，民國64年5月
初版），頁93。

〔註33〕《王安石全集》卷四十六，雜著〈書洪範傳後〉，頁168。

神宗熙寧三年王安石重新改寫完成,即上呈於神宗作爲治國方針之用,在上呈的同時王安石寫了〈進洪範表〉,對於這一重要的儒家治國寶典發表他的想法:

> 臣聞天下之物,大小有彝,後先有倫敍者天之道,敍之者人之道。天命聖人以敍之,而聖人必考古成己,然後以所嘗學,措之事業爲天下利;苟非其時,道不虛行。伏惟皇帝陛下,德義之高,術智之明,足以黜天下之鬼瑣而興其豪傑,以圖堯禹太平之治,而朝廷未化,海內未服,綱紀憲令,尚或紛如。意者殆當考箕子之所述,以深發獨智,趨時應物故也。〔註34〕

他向神宗提出以《尚書‧洪範》爲治國綱領的理想。這裡所指的是經過王安石所重新詮釋過後成爲一部新的治國大法,他以「朝廷未化,海內未服」爲理由,而提出「聖人必考古以成已,然後以所嘗學,措之事業爲天下利」即託箕子之治國智慧,回應北宋神宗時期政治上的難題。因此,《尚書‧洪範》可以定位是王安石「託古改制」的一部重要典籍。總而言之,王安石以北宋政治時局爲關懷之重心,不同於傳統儒者的思考方式,王安石提出改革變法之主張,就治國的需求而言,《尚書‧洪範》自三代以來歷代治國者首重之典籍也是儒家治國的最高理想,但在經過漢儒詮釋《尚書‧洪範》之後,就走向章句訓詁、陰陽五行的方向上去。但是,王安石認爲《尚書‧洪範》大意並非如此,漢儒某部分扭曲了經典的意義,王安石企圖翻轉此種觀念,他以「託古改制」爲名,重新詮釋《尚書‧洪範》經文的意義,著成〈洪範傳〉一文,爲治國所依循新的政治綱領。就《尚書‧洪範》而言,王安石取漢代以來由儒者所詮釋之治國大法作一變革,他所做之努力,可以說是在建立一個《尚書‧洪範》新的詮釋方向。

第二節　賦予政治新義的〈洪範傳〉

王安石的〈洪範傳〉〔註35〕在宋代的評價,我們綜合多位學者的評價,

〔註34〕《王安石全集》卷八,奏議〈進洪範表〉,頁71。

〔註35〕關於王安石〈洪範傳〉歷代目錄記載情況如下:《郡齋讀書志》卷一,《玉海》卷三十七,《宋史藝文志》經部書類,《文獻通考》卷一七七經籍四,《國史經籍志》卷二,《世善堂書目》卷上,《澹生堂書目》卷一,《經義考》卷九,以上各目錄皆著錄一卷。此外,程元敏輯有《三經新義輯考彙評—尚書》是目

大致有如下的看法：

宋・陳淵

余曰：「穿鑿故荊公之過，然荊公之所以失，不在乎注解」「在乎道
術不正，遂生穿鑿。穿鑿之害小，道術之害大。」仲輝曰：「荊公之
說，本於先儒；先儒亦有害乎？」曰：「先儒只是訓詁而已，不以己
意附會正經，於道術初無損益也。」〔註36〕

宋・汪應辰

公講經論旨尤精於書，著爲論說，探微索隱，無一不與聖人契，世
號張氏書解。臣竊以爲王安石訓釋經義，穿鑿附會，專以濟其刑名
法術之說。〔註37〕

宋・朱熹

尚書諸說，此間亦有之，但蘇氏傷於簡，林氏傷於繁，王氏傷於鑿，
呂氏傷於巧；然其間儘有好處，如制度之屬，祇以疏文爲本，若其
間有未聞更與挑剔令分明耳。〔註38〕

以上宋代的三家學者在評論王安石的學術多以「穿鑿附會」、「以己意解經」、
「道術不正」來抨擊王安石剛辟自用的學術性格，批評〈洪範傳〉就是這樣
一部背離學術正道的著作。然而上一節我們談到王安石取用中國傳統的儒家
文獻，以六藝作爲其託古改制的典籍，而王安石重新詮釋《尚書・洪範》可
以說自有他的用心，而宋代學者「穿鑿附會」、「以己意解經」、「道術不正」
的理由來批判王安石的〈洪範傳〉是否公允？仍有待我們進一步去探討？翻
查王安石文集，我們看到一條這樣的材料：

問聖人之爲道也，人情而已矣。考之以事而不合，隱之以義而不通，
非道也。洪範之陳五事，合於事而通於義者也；如其休咎之效，則
予疑焉。〔註39〕

前所見收錄關於王安石〈洪範傳〉歷代評註最爲完整的一部書。（台北：國立
編譯館，民國75年7月初版）
〔註36〕 宋・陳淵《默堂先生文集》卷二十二，頁16。（台北・商務印書館，民國55
年版）
〔註37〕 宋・汪應辰《文定集》卷十二，頁15。（台北・商務印書館，民國69年版）
〔註38〕 宋・朱熹《朱子文集》卷三，〈答蔡仲默〉，頁11。（台北・商務印書館，民國
55年版）
〔註39〕 《王安石全集》卷二十四，〈策問第五〉，頁145。

對於傳統儒家六藝典籍的態度，王安石有自己的一套判準，就《尚書‧洪範》而言王安石的標準在於「聖人之道，人情而已。考之以事而不合，隱之以義而不通，非道也。」這是他對於傳統六藝典籍一貫的基本態度，必須以歷史事實與經文原典作為根據，他認為並不能全然盡信前輩學者的看法，學問必須建立在合理的事實證據之中。以《尚書‧洪範》為例，王安石認為考諸於事實，洪範中提到貌、言、視、聽、思五事的時候，相當的合於情理；但是洪範中有關五事的休咎之應的災異之說，王安石則是抱持著懷疑的態度，這可以說是一種嚴謹看待經典的態度。

因此我們可以說，王安石的〈洪範傳〉是有他自己的詮釋標準在其中。從這樣基準來看待王安石所重新詮釋的〈洪範傳〉，若是以先前宋儒的說法「穿鑿附會」、「以己意解經」、「道術不正」這樣的角度來理解，不但無法如實理解作品的意思，而且有可能被引導至偏頗的道路上。所以本節主要討論的，即回到原典本身，重新回到〈洪範傳〉的內容上探討，觀察王安石提出何種見解？與宋代的學術環境有沒有什麼樣的關連？

一、王安石變法與《尚書‧洪範》的災異之爭

王安石於熙寧變法之初，原屬於保守派的多位儒者，以天降災異之說來反對王安石實行變法。據史籍所載，熙寧二年（西元 1070 年）六月御史中丞呂晦，以「天災屢見」，〔註40〕熙寧二年十月富弼以「諸處地動災變」，〔註41〕范鎮於熙寧三年（西元 1071 年）正月言王安石新法使「天雨土，地生毛、天鳴地震」，〔註42〕熙寧三年三月程顥以新法導致「天時未順，地震連年。」，〔註43〕從上述四例，可見屬於舊黨保守派的諸位儒者對於王安石的變法相當的不贊同，這裡可以探求的是當時諸儒強烈反對變法為因為何？史書有一條關於富弼的文獻，記載了以下一事可供參考之，《續資治通鑑長編拾補》卷四，熙寧二年二月有以下一事：

> 熙寧二年春二月，以富弼同平章事，時弼以足疾未能入見，聞有於

〔註40〕呂晦之言參見《宋文鑑》卷六十，〈論王安石疏〉（台北‧商務印書館，民國57 年版）。

〔註41〕富弼之言見《續資治通鑑長編拾補》卷五，熙寧二年十月丙申條下。頁 2191。

〔註42〕范鎮之言見《續資治通鑑長編拾補》卷七，熙寧三年正月癸卯條下。頁 2207。

〔註43〕程顥之言見《二程遺書》卷三十九，〈再論新法乞責降疏〉。（上海古籍出版社，1992 年版）

上，前言災異皆天數非人事所致，弼聞之曰，人君所畏爲天，若不
畏天，何事不可爲者，去亂亡無幾矣。此必奸臣欲進邪說，故先導
上以無所畏，使諫諍之臣無復施。及上書數千言，雜引《春秋》〈洪
範〉及古今傳記人情物理，以明其不然未幾，入見又言，臣聞中外
之事漸有更張，此必小人獻說於陛下也。

王安石欲更張國事推行變法，對此一事反對變法的富弼抱以強烈反對之態
度，據上所述，富弼所持的理由是王安石爲了鼓吹變法，向神宗進言「人君
不應畏天，災異皆天數非人事所致」說明變法的合理性與可行性。富弼認爲
王安石說法乃荒誕邪說，便上疏神宗數千言並且引《春秋》與《尚書・洪範》
之經文反駁王安石「人君不畏天」之說的荒謬。

　　就此事而論之，富弼引〈洪範〉《春秋》來反對王安石變法，並非就變法
本身制度或政策而反駁之，而是依據《春秋》〈洪範〉經文爲判準，言王安石
「人君不畏天」的說法不符合儒家治國的理念，因此而反對之。據此可推求
其因，富弼反對王安石變法，其實是站立在傳統儒家的立場「人君應畏天」
的觀念上而反對的。此外，關於「人君不畏天」此一觀念，我們對照於王安
石的看法，觀察王安石怎麼看待這件事？考之於王安石文集，在他所著〈洪
範傳〉中的第八疇「庶徵」中有一段話是這樣子的：

孔子曰：「見賢思齊，見不賢而內自省也。」君子之於人也，固常思
齊其賢，而以其不肖爲戒，況天者故人君之所當法象也，則質諸彼
以驗此，固其宜也。然則世之言災異者，非乎？曰：「人君固輔相天
地以理萬物者也，天地萬物不得其常，則恐懼修省，固亦其宜也。」
今或以爲天有是變，必由我有是舉以致之；或以爲災異自天事耳，
何豫於我？我知修人事而已。蓋由前之說，則弊於葸；由後之說，
則固而怠。不弊不葸、不固不怠者，亦以天變爲已懼，不曰天之有
某變，必以我爲某事而至也，亦以天下之正理，考吾之失而已矣。
此亦念用庶證之意也。〔註44〕

王安石以「天下之正理」做爲衡量的判準，所謂天下之正理，他引孔子之言
所謂「見賢思齊，見不賢內自省也」，強調人內省的價值，來駁斥當宋代諸儒
主張以天象災異之說來治國的謬誤，說明上天並不具有賞罰的能力，災異只

〔註44〕《王安石文集》卷四十，論說〈洪範傳〉，頁116。

是天地間自然產生的一種現象而已。〔註45〕就治國而論，君主戒慎恐懼的應該是在治國施政的人事層面上，而非以天象的災異現象來主導君王作爲，他站在此立場提出「人君不畏天」的觀點，回應當時反對變法的儒者引災異之說來抨擊變法，王安石並且說明其理念源頭來自於《尚書‧洪範》的「庶徵」一疇，強調聖人經典中早已揭示此意，他藉此重新詮釋「人君不畏天」此層意義，並說明此爲「念用庶證」之意義。就王安石的觀點而論，他亦是援用經典《尚書‧洪範》來宣揚自己的治國理念，並用以駁斥當時反對變法者的觀點。據此，就王安石變法所引起的爭議來看，我們就富弼與王安石兩人的例子觀察之，其實兩者可以說在治國理念上，因爲學術觀念上的不同，而引發兩者之間相互的攻擊與指責，相同的是兩者皆引經據典，證明自己主張是對的，並且站在各自立場上捍衛主張變法與反對變法兩種立場。

二、〈洪範‧九疇〉治國架構的新詮釋〔註46〕

前文我們談到《尚書‧洪範》本是儒家治國的基本大法，王安石取用並重新詮釋，試圖架構一套能爲宋代所用新的治國大法，底下我們就〈洪範傳〉內容來探討王安石如何架構出一套新的治國大法？以及他傳達了什麼樣的治國理念？

王安石首先先從字義上入手，重新界定洪範的定位：

> 洪範有器也，然後有法。此書所以謂之範者，以五行爲宗故也。五行猶未離於形，而器出焉者也。擴而大謂之弘，積而大謂之丕，合

〔註45〕並且於〈洪範傳〉中補充論及：「夫天之爲物也，可謂無作好，無作惡，無偏無私，無反無側，會其有極，歸其有極。」上天只是依照一定之物理法則而運行，並未具有福禍相依之倫理上的功能。頁112。

〔註46〕洪範九疇的條目依序爲：五行、五事、八政、五紀、皇極、三德、稽疑、庶徵、五福六極共爲九疇。九疇之名，最早載於《史記‧宋世家》稱九疇爲「大法九等」。《漢書‧五行志》稱九疇爲「大法九章」。此外，九疇取九爲何意？我們翻查文獻所載《尚書》卷十二〈洪範第六〉原文爲：「箕子乃言曰：「我聞在昔，鯀陻洪水，汨陳其五行；帝乃震怒，不畀洪範九疇，彝倫攸斁。鯀則殛死，禹乃嗣興，天乃錫禹洪範九疇，彝倫攸敘。」唐代孔穎達解釋取九之意曰：「言其每事自相類者有九，九者各有一章，故《漢書》謂之爲九章。此謂九類，是天之常道，既不得九類，故常道所以敗也。」孔穎達取「每事自相類者有九」之意，認爲此爲九疇命名之意。《尚書》十三經注疏標點本，卷十二〈洪範第六〉，請參見（北京大學出版社，1999年12月版），頁298。

而大謂之洪，此書合五行以成天下之大法，故謂之洪範也。〔註47〕

這段引文當中王安石從字義上強調〈洪範〉在政治上的意義，是治理天下之大法，如同治國大綱一般的重要。就洪範而言，王安石認爲先有器然後才有法，這套治理天下的大法，是以五行爲一基礎架構而開展，所以稱此書合五行以成天下之大法。其次，王安石對於〈洪範傳〉中對於各疇有何特殊的見解？他開宗明義提出對五行的解釋說道：

> 五行，一曰水，二曰火，三曰木，四曰金，五曰土。何也？五行也者成變化而行鬼神，往來乎天地之間而不窮者也，是故謂之行。

> 蓋五行之爲物，其時其位，其材其氣，其性其形，其事其情，其色其聲，其臭其味，皆各有耦；推而散之無所不通。一柔一剛，一晦一明，故有正有邪，有美有惡，有醜有好，有凶有吉，性命之理，道德之意，皆在是矣。耦之中又有耦焉，而萬物之變，遂至於無窮。〔註48〕

這裡值得注意的地方有兩點：其一，是王安石提出「五行爲之行」的觀念，嘗試對五行作一個新的定義。他根據《尚書》的原文，以水、火、木、金、土爲天地萬物構成的順序，並以爲天地間萬物是由這五種元素變化發展而成的，而且天地萬物之間無窮變化的道理，正是五行往來天地之間不斷循環的現象，並且無所終止永不間斷，因此稱之爲「行」。可以看出王安石將五行定位於天地的五大構成元素，無窮無息運轉於天地之間。其二，王安石他引用《易經・繫辭》談五行有耦之特性，他認爲五行的屬性乃「皆各有耦」，推之於一切事物皆無所不通「性命之理，道德之意，皆在是矣。」五行所蘊涵的包括正邪、善惡、凶吉等萬事萬物諸理盡在其中。

王安石進一步將九疇之首的五行，視爲於君王施政之總綱領，他認爲：「人君之於五行也，以五事修其性，以八政用其才，以五紀協其數，以皇極建其常，以三德治其變，以稽疑考其難知，以庶證證其失得，自五事至於庶證各得其序，則五行固已得其序矣。」〔註49〕王安石認爲五行象徵天地自然存在的五種元素，天地萬物之理皆寓意在其中，是天道之一種顯現。對應在君王在治國施政之上，君王所應努力的應在人道層次，王安石並且列出八疇爲君王修身與治國之次序，若依序施用於政治之上，造福天下蒼生，則幾近於天

〔註47〕《王安石全集》卷五，奏議劄子〈尚書義〉，頁43。
〔註48〕《王安石全集》卷四十，論說〈洪範傳〉，頁107～108。
〔註49〕《王安石全集》卷四十，論說〈洪範傳〉，頁118。

道也，果眞如此則君王乃眞正體現《尙書‧洪範》五行的精神。因此，王安石乃將五行視爲君王治天下的總綱領。

另外，有一點亦值得注意的是，考之於五行演變的歷史，王安石回歸原典以《尙書》《易經》爲證據，將五行就其原來材料上意義而討論之。〔註50〕我們觀察《尙書‧洪範》的歷史，可知五行從漢代以來一直被賦予神秘的災異色彩，徐復觀曾經指出有關於五行的一個歷史議題，即「洪範過去所發生的重大影響，並不是來自於他的思想內容，而是來自對五行的附會。」〔註51〕自漢代以來劉向爲了《洪範五行傳論》〔註52〕之後，西漢陰陽五行的觀念，結合春秋的災異之說而形成完整系統學說，五行附會於陰陽災異之說興起。而後東漢《白虎通》承其說中有關陰陽五行的論述之基調，都不脫陰陽災異之說。北宋立國之後，五行陰陽災異之說仍相當興盛，許多政事之決斷亦決定於五行災異之言。〔註53〕王安石推動變法其間亦有儒者以此非難之，《續資

〔註50〕 我們考之於《尙書》，王安石對於五行的觀點大致與孔穎達的看法相同：「《書傳》云：水火者百姓之所飮食也，木金者百姓之所興作也，土者萬物之所資生也。是爲人用。」這裡的五行指的是構成天地的五種材料。而《左傳》亦記載：「天生五材，民並用之，言五者各有才干也，謂之行者。」兩者都將五行視爲天地的五種材料。同註46，頁302。

〔註51〕 徐復觀此語的出處源自於，他與與屈萬里論辯有關於五行附會災異之說，請參見《中國思想史論集續篇‧洪範的成立時代及其中的五行問題》（台北，時報文化出版，民國71年3月初版），頁80～82。

〔註52〕 《漢書》提到了劉向著書的經過：「向見《尙書‧洪範》，箕子爲武王陳五行陰陽休咎之應。乃集合上古以來歷春秋、六國至秦、漢符瑞災異之記，推跡行事，連傳禍福，著其占驗，比類相從，各有條目，凡十一篇，號曰〈洪範五行傳論〉。」（台北，鼎文出版社，民國67年版）
清代朱彝尊於《經義考》中記載了〈洪範〉附會五行之說的源流：「葉適曰：劉向爲王氏考災異，著五行傳，歸於切靡當世，而漢儒之言陰陽者，其學亦各有所主，然洪範之說，由此隳裂，使經世之成法，降爲災異陰陽之書。」語見《點校補正經義考》第三冊，（台北，中央研究院中國文哲研究所古籍整理叢刊，民國86年6月初版），頁618。

〔註53〕 列舉北宋二件災異之事爲例：其一，《宋史》卷二百九十五，列傳第五十四：「楊億薦絳文章，召試，擢祕閣校理、同判太常禮院。丁母憂，服除，仁宗即位，遷太常博士。用鄭氏經、唐故事議宣祖非受命祖，不宜配享感生帝，請以眞宗配之。翰林學士承旨李維以爲不可。尋出通判常州。天聖中，天下水旱、蝗起，河決滑州，絳上疏曰：去年京師大水，敗民廬舍，河渠暴溢，幾冒城郭；今年苦旱，百姓疫死，田穀焦槁，秋成絕望：此皆大異也。按洪範、京房易傳皆以爲簡祭祀，逆天時，則水不順下；政令逆時，水失其性，則壞國邑，傷稼穡；顓事者知，誅罰絕理，則大水殺人；欲德不用，茲謂張，厥災荒；上下皆蔽，茲謂隔，其咎旱：天道指類示戒，大要如此，陛下夙夜

治通鑑長編》熙寧五年四月，載：「靈臺郎尤瑛言，天久陰，星失度，宜退安石」《宋史・王安石本傳》亦載：「監安上門鄭俠上疏，繪所見流民，扶老攜幼困苦之狀，爲圖以獻曰：旱由安石所致，去安石天必雨。」以天降災異之說，非難王安石推行新法所帶來政治制度上的變革，他們深信王安石推行新法引發天怒人怨，上天降下災異警告世人，因此上奏神宗停止變法，以此種方法欲擊退王安石。

　　因此，我們可以得知王安石〈洪範傳〉重新爲五行定義新說，除了政治意義上的界定，即爲君王施政之總綱領之外。五行的價值，亦可對照當時的學術環境中，找到其意義之所在。王安石凸顯五行材質上的意義，重新從史料當中找證據，說明五行並沒有神秘與降災的能力，只是天地自然之元素，從根本上破除漢代以來洪範五行陰陽災異的學說的弊病，王安石唯有如此，方能繼續順利推行變法。其次，王安石對五事的看法爲：

> 五事，人君所以修其心治其身者也，修其心治其身而後可以爲政於天下。五事以思爲主，而貌最其後也；而其次之如此，何也？此言修身之序也。恭其貌，順其言，然後可以學而至於哲；既哲矣，然後能聽而成其謀；能謀矣，然後可以思而至於聖。思者，事之所成終，而所成始也，思所以作聖也；既聖矣，則雖無思也、無爲也，寂然不動，感而遂通天下之故，可也。〔註54〕

上述王安石對於五事的看法可分爲二點來說明：一王安石在詮釋五事上，具有次序的先後性。王安石特別強調「思」的重要性，他說：「思者，事之所成終，而所成始也，思所以作聖也」，「思」是五事中的核心概念，是治國的基礎也是通往聖人境界的一種思想活動。王安石對於洪範中五事的理解是比較偏重於智識層面的關照，對於人君而言謹慎思考判斷是很重要的，因爲其相

　　勤苦，思有以上塞時變，固宜策告殃咎，變更理化，下罪己之詔，修順時之令，宣群言以導壅，斥近倖以損陰。而聖心優柔，重在改作，號令所發，未聞有以當天心者。」
　　其二，《宋史》卷三百，列傳第五十九：「嘉祐六年，京師大水，攽上言：「洪範五行傳：『簡宗廟則水不潤下。』又曰：『聽之不聰，厥罰常水。』去年夏秋之交，久雨傷稼，澶州河決，東南數路，大水爲沴。陛下臨御以來，容受直諫，非聽之不聰也。以孝事親，非簡於宗廟也。然而災異數見，臣愚殆以爲萬機之聽，必有失於審者；七廟之享，必有失於順者，惟陛下積思而矯正之。」
〔註54〕《王安石文集》卷四十，論說〈洪範傳〉，頁108。

當程度影響到治國之成敗。

二、王安石將五事定義爲人君修身的方法；相較於宋代諸儒有何不同之處，林之奇於《尚書全解》中論及宋代學者的普遍看法，他認爲當時諸儒在談論五事的時候，都沿用漢儒說法將五行與五事相配，林之奇並不贊同這樣的說法，〔註55〕他認爲這並不是箕子於《尚書·洪範》所傳達的意思，他的立論點是在於五事若可以與五行相配的話，則其他的疇數如八政、五紀、皇極有應該都可以相配才是，但事實並非如此，因此他批評這是一種穿鑿附會的說法。姑且不論林之奇的見解是否成立，至少他反映了一個問題的存在，即是當時學術界對於五事看法存在著不同的歧見。而回到王安石的看法，可知他並不採行漢代以來傳統五行配於五事的說法，而是重新去定義五事的意義，將五事定位爲人君修身的方法，王安石並不認爲君主貌、言、視、聽、思五種行爲能引起災異，王安石是站在輔佐人君治國的角度來界定五事的意義，摒除漢代以來五事與天候相關的詮釋方式。

關於第三疇「八政」：

> 一曰食，二曰貨，三曰祀，四曰司空，五曰司徒，六曰司寇，七曰
> 賓，八曰師。何也？自食貨至於賓師，莫不有官以治之。

王安石詮釋「八政」爲治理國家的八件大事，他認爲君王應設官分屬以統領之。就八政的次序而言，王安石認爲《尚書·洪範》原文將「食」與「貨」等經濟大事置其首位，是有其寓意的。〔註56〕他詮釋曰：「食貨，人之所以相養也，故一曰食，二曰貨」，王安石亦認爲「食貨」等國家經濟之問題，乃是治國之基礎最爲重要，因此《尚書·洪範》已然告知了君王治國之首要問題，就在「食貨」之中。

第四疇爲「五紀」：

> 一曰歲，二曰月，三曰日，四曰星辰，五曰曆數，何也？先王之舉事
> 也，莫不有時，其制物也，莫不有數。有時故莫敢廢，有數故莫敢踰。

〔註55〕 宋·林之奇《尚書全解》：「諸儒之論五事，皆以配五行，諸儒皆是附會穿鑿而爲說之；箕子意，本不如是。若五事果可以配五行，則自八政以下，皆各有所配，豈止於五事哉？」（台北·商務印書館，民國72年版）

〔註56〕 劉起釪在《古史續辨》中談到《尚書·洪範》將「食貨」列於首的原因，是受春秋時期的政治風尚所影響：「《史記·管晏列傳》記載管仲曰：既任政相齊，以區區之齊在海濱，通貨積財，富國強兵，與俗同好惡。故其稱曰：倉廩實而知禮節，衣食足而知榮辱。」（北京，中國社會科學出版社1991年版）

蓋堯舜所以同律度量衡、協時月正日而天下治者，取諸此而已。

王安石以爲，君王治國需配合此五種紀時的曆算之術。一是歲，二是月，三是日，四是星辰，五是曆數。此五種紀時若可以取得協調，用於政事之上，配合時令推動國事，則天下可治矣。

第五疇爲「皇極」：

> 皇建其有極，斂時五福，用敷錫厥庶民，何也？皇，君也。極，中也。言君建其有中，則萬物得其所，故能集五福以敷錫其庶民也。

王安石將「皇極」詮釋爲君王治國應行的中庸之道。安石提出《尙書・洪範》中「皇極」的意義，在提醒君王治國之道在於「及其成德也，以中庸應物」，〔註57〕君王若是能以中庸之道治理朝政，不有所偏執，讓天地萬物各得其所，則天下可治。

《尙書・洪範》的第六疇爲「三德」：

> 一曰正直，二曰剛克，三曰柔克，何也？君君臣臣，適各當分，所謂正直也，若承之者，所謂柔克也，若威之者，所謂剛克也。蓋先王用此三德，於一嚬一笑，未嘗或失，況以大施於慶賞刑威之際哉。故能爲之其未有也，治之其未亂也。

此處的「三德」王安石認爲此乃君王治理百官及臣民的三種通變之法。君王以「正直」「柔克」「剛強」三種方法來對待臣民，此處就三德的先後次序，王安石認爲君王應以「正直」最首要，他說「教人治人，宜皆以正直爲先」。〔註58〕君王若能採「正直」、「柔克」、「剛強」三種方法變通的融入治國施政上，臣民就不會作亂犯上。

《尙書・洪範》第七疇爲「稽疑」：

> 擇建立卜筮人，乃命卜筮，曰「雨」、曰「霽」、曰「蒙」、曰「驛」、「克」、曰「貞」、曰「悔」凡七，卜五，占用二，衍忒，何也？卜筮者，質諸鬼神，其從與違，爲難知，故其占也，從眾而已也，汝

〔註57〕 王安石於〈洪範傳〉皇極之下的「無偏無陂，遵王之意」條下補充曰：「路，大道也，正直中德也。始曰義，中曰道、曰路、卒曰正直，尊德性而道問學，至廣大而及精微，極高明而道中庸之謂也。及其成德也，以中庸應物，則要之使無反側而已。」言人君行中庸之道，則天下可長治久安矣。頁112。

〔註58〕 〈洪範傳〉中王安石對三德次序的看法是這樣子的：「洪範之言三德，與舜典、皋陶謨所序不同，何也？舜典所序以教胄子，而皋陶謨所序以知人臣，故皆先柔而後剛。洪範所序則人君矣，然教人治人，宜皆以正直爲先。」頁113。

> 則有大疑，謀及乃心，謀及卿士，謀及庶民，謀及卜筮，何也？言
> 人君有大疑，則當謀之於己；己不足以決，然後謀之於卿士；又不
> 足以決，然後謀之於庶民；又不足以決，然後謀之於鬼神。鬼神，
> 尤人君之所欽也，然而謀之反在乎卿士庶民之後者，吾之所疑而謀
> 者，人事也；必先盡之人，然後及鬼神焉，固其理也。

上述王安石對「稽疑」的詮釋，可以看出在稽疑的態度上，王安石不反對求
應鬼神，但在次序上將它置於最後，而強調「稽疑」之精神在於人君能不能
反求諸己，即指治國施政應放在人事層面上自我審視。就王安石的觀點而言，
人事是放在第一順位，因爲「必先盡之人，然後及鬼神焉，固其理也」，站在
理上而言，人事是可知的，可以檢驗的，而鬼神之事相較來說，是莫測難知
的，因此人君求諸於卜筮鬼神，可以說是最後不得已之法。就此觀點而言，
王安石對「稽疑」的看法，與孔子對於鬼神的看法，所謂的「不能事人焉能
事鬼」的觀點有相合之處。

第八疇「庶徵」條下曰：

> 曰休徵，曰「肅，時雨若」、曰「乂，時暘若」、曰「哲，時燠若」、
> 曰「謀，時寒若」、曰「聖，時風若」；曰咎徵：曰「狂，恆雨若」、
> 曰「僭，恆暘若」、曰「豫，恆燠若」、曰「急，恆寒若」、曰「蒙，
> 恆風若」，何也？言人君之有五事，猶天之有五物也，天之有五物，
> 一極備凶，一極無亦凶，其施大小緩急無常，其所以成物者，要之
> 適而已。

王安石對於「庶徵」一疇的看法，前文已於王安石變法與《尚書·洪範》災異
一小節，先行論述其與變法相關的爭議。此處對照於《王安石文集》之中一段
話談到「庶徵」，他說「人君承天以從事，天不得其所當然，則戒吾所以承之事
可也，必如傳云人君行然，天則順之以然，其固然耶？僭常暘若，狂常雨若，
使狂且僭，則天如何其順之也？堯湯水旱，奚尤以取之邪？意者微言深法，非
淺者之所能造，敢以質於二三子。」〔註59〕這段話中提到過去人們常將《尚書·
洪範》中君王治國之道的內容理解爲天人之間的感應，王安石質疑這樣的觀點，
他認爲並君王的行爲與天地之間災異的變化並沒有必然的關連，往往是出於人
們的附會，由此而言，漢代以對於「庶徵」一疇的理解是有所偏頗的。

　　王安石對於天人之間的看法，爲什麼會趨向天人之間不相應的這種觀點？

〔註59〕《王安石文集》卷二十七，制誥〈策問十一道〉。頁 145。

《續資治通鑑長編》神宗七年四月條下記載：「上以久旱，憂見容色，每輔臣進見未嘗不嘆息懇惻，欲盡罷保甲、方田等事。王安石曰：水旱常數，堯、湯不免。今旱暵雖逢，但當益修人事以應天災，不足貽聖慮」。〔註60〕王安石以堯舜為例，勸諫神宗天地久旱之災與變法並沒有實際之關連，有道之君主應注重實際之政事，而非受天災之左右。王安石對於「庶徵」一疇的詮釋，目的在反省漢代以來將「庶徵」一疇解說為君王應循天人感應模式來處理政事的觀點。王安石回歸於經典原文本身駁斥這樣的說法。晁公武於《郡齋讀書志》尚書洪範條下亦明言此意：「安石以劉向、董仲舒、伏生明災異為弊，而思別為此傳，以庶徵所謂「若」，者不當訓「順」，當訓「如」；言人君之五事，如天之雨暘寒燠風而已。大意言天人不相干，雖有變異，不足畏也。」〔註61〕晁公武亦認同王安石觀點，主要是反思漢儒言庶徵之弊而重新訓釋之。但值得注意的是「庶徵」一疇與變法的關連性，王安石亦藉由「庶徵」一疇，作為變法的理論基石，以回應反對變法者的災異之說。

第九疇為「五福」，「六極」：

五福：一曰「壽」、二曰「富」、三曰「康寧」、四曰「攸好德」、五曰「考終命」。六極：一曰「凶短折」、二曰「疾」、三曰「憂」、四曰「貧」、五曰「惡」、六曰「弱」。何也？

王安石所詮釋的看法為：

君子之於吉凶禍福，道其常而已。幸而免，與不幸而及焉，蓋不道也。或曰，孔子以為富與貴人之所欲，貧與賤人之所惡，而福極不言貴賤，何也？曰：「五福者，自天子至於庶人，皆可使慕而欲其至；六極者，自天子至於庶人，皆可始畏而欲其亡，若夫貴賤，則有常分矣。」

如上所述，王安石對於《尚書・洪範》之「五福」「六極」所持之觀點，以一句話可概括之，即「君子之於吉凶禍福，道其常也。」因為吉凶禍福並非人

〔註60〕 《續資治通鑑長編》卷二百五十二，熙寧七年夏四月巳申條下。頁2647。

〔註61〕 《郡齋讀書志》卷一，頁23。此外，清・錢基博《經學通志、尚書志第二》亦承襲晁公武之看法，他說：「洪範疇數之說，始西漢今文家伏生大傳，以下逮京房、劉向諸人，以陰陽災異附合洪範五事、庶徵之文。而宋儒……臨川王安石介甫則持天人不相與、天變不足畏之論，以破伏生、董仲舒、劉向言洪範五行災異之弊，撰洪範傳一卷。以庶徵所謂『若』者不當訓『順』，當訓『如』；蓋人君之五事，如天之雨暘燠寒而已。安石說經，好為新解，類如是矣！」錢基博之立場，即批評王安石好為己意而解經。（台北，台灣中華書局，民國51年版）。

力所能掌握，君王對福禍之態度理應如此。君王乃至於庶人，遵守正道盡其所力行分內之事即可，則吉凶禍福，富貴貧賤自有常分。此處，王安石以一貫之立場將重點擺在盡人事，修人事之上，對於吉凶禍福，富貴貧賤是以比較淡然態度處之。

綜上所述，統整王安石洪範之九疇架構，列表如下：

	名　　稱	治　國　之　方　向
第一疇	五行（初）	王安石認爲五行屬天道範疇。五行，天所以命萬物者也。
第二疇	五事（次）	五事以下全屬於人道的範疇。五事爲君王修身的方法。
第三疇	八政（次）	君王治國的八件大事，應設官分屬之。
第三疇	五紀（次）	君王治國的五種曆算之術。
第四疇	皇極（次）	君王治國應行走中庸之道。
第五疇	三德（次）	君王治國通變的三種治人之法。
第六疇	稽疑（次）	君王治國求諸卜筮鬼神之態度。
第七疇	庶徵（次）	君王治國對應於天人災異看法。
第八疇	五福、六極（次）	君王治國對應吉凶禍福、富貴貧賤之態度。

王安石認爲九疇這套治理天下的大法有「初」和「次」二種層次的區別：

> 五行，天所以命萬物者也，故「初一曰五行」。五事，人所以繼天道而成性也，故「次二曰敬用五事」。五事，人君所以修其心治其身者也，修其心治其身而後可以爲政於天下。〔註63〕

如上表所列，王安石在討論九疇時候特別注意到「初」和「次」的順序，他將《尚書‧洪範》中「初」和「次」的順序作如上的詮釋，他把九疇當中的「初」與「次」詮釋爲兩個不同的範疇，他指出「五行，天所以命萬物者也」，並將五行歸屬於天道的範疇。其他的八疇自五事以下，王安石認爲是屬於人道的範疇，在他論及五事一疇下曰「五事，人所以繼天道而成性也」。值得提出來的觀察點是王安石將九疇劃分爲天道與人道兩層次的作用爲何？從上述的證據我們推敲個人的原因，我們可以說王安石目的乃在駁斥漢代以來的天人災異之說，前文王安石變法與《尚書‧洪範》災異之爭一節已論及，王安石於變法期間，反對變法的儒者以天人災異之說反對王安石推動變法，面對此一反對的強大聲浪，王安石唯有證實天人之間沒有感應，君王治理政事不

〔註63〕《王安石文集》卷四十，論説，〈洪範傳〉，頁106。

需爲天地之災變所左右，王安石方能名正言順的推動變法。因此王安石從《尚書・洪範》中找證據，將九疇分爲天道與人道二個層次，並且標舉君王治國所需努力的，乃在屬於人道的八疇之中，而將屬於天道之五行視爲天地間之五種元素，君王只需效法五行生化萬物之理，讓天地萬物各安其位即可。據上所述，可得知王安石特別提出天道與人道兩層次分別的理由。

　　此外，君王之政治綱領具有先後順序之別：

　　　人君之於五行也，以五事修其性，以八政用其才，以五紀協其數，

　　　以皇極建其常，以三德治其變，以稽疑考其難知，以庶證證其失得，

　　　自五事至於庶證各得其序，則五行固已得其序矣。〔註64〕

九疇的順序，王安石將之比擬爲君王治國的九大方針，君王如何的實行天道？他提出循序漸進的方法，先從五事入手，貌，言，視，聽，思是君王修養心性的首要功夫，能夠以五事修其心治其身之後，君王才可以爲政於天下，故其次而談「以八政用其才」；治理天下之事務需要配合歲、月、日、星辰、曆數等五紀，故次而談「以五紀協其數」等等。因此九疇爲君王治國的九種大法，在施行上有順序上的先後之分。我們相較於宋代其他學者對於九疇的看法，蘇東坡對於九疇定義如下：「九疇，如草木之區別也。」〔註65〕他以草木分別釋九疇，故疇爲種類之稱，此外富弼亦認爲「彝倫，九疇也。」〔註66〕他將九疇定位於治國的九種大法，九疇亦具有次第上的意義，並且王安石偏重於政治意義上的討論，可以說九疇是特別爲君王設計的一種治國綱領。

　　本文附帶一提的是，王安石將《尚書・洪範》重新詮釋爲君王之治國大綱，其且特重義理之闡發，其價值何在？我們觀察《尚書・洪範》的歷代書目發現，魏晉南北朝至隋唐之際，文獻記載有關於〈洪範〉著作有六部，〔註67〕均已亡佚，由於無法考辨其內容思想，因而此處不予討論。而過渡至宋代，宋儒所著

〔註64〕《王安石文集》卷四十，論說，〈洪範傳〉，頁118。

〔註65〕宋・蘇東坡《書傳》卷十，（台北・商務印書館，民國55年版）。

〔註66〕宋・富弼《尚書精義》卷二十八。另外宋・張九成《尚書精義》卷二十八亦提及：「九疇，天下之常理而已矣。」張九成的看法與富弼相同，認爲九疇具有倫常道德上的意義。

〔註67〕此六部作品，散見於各代目錄之中：《隋志》載錄兩篇，亡名氏《洪範占》二卷，《洪範日月變》一卷。《七錄》載錄一篇，《洪範五行星曆》四卷。《新唐志》載錄二篇，穆氏《洪範外傳》十卷，崔氏《尚書演範》共六篇。朱彝尊《經義考》考證，均亡佚不可見。可參照（台北，中央研究院中國文哲研究所古籍整理叢刊，民國86年6月初版）《點校補正經義考》第三冊，頁619～620。

《尚書‧洪範》有超越前代的現象，據《經義考》所載有關《尚書‧洪範》的著作有三十六部，〔註68〕就王安石〈洪範傳〉的影響來說，如有孫諤著《洪範

〔註68〕以下據《經義考》所載時代先後及存佚情形羅列如下：

1　宋‧宋仁宗《洪範政鑒》十二卷，佚。

2　宋‧胡瑗《洪範口義》一卷，存。

3　宋‧徐復《洪範論》一卷，佚。

4　宋‧張景《洪範解》一卷，未見。

5　宋‧劉義叟《洪範災異論》，佚。

6　宋‧蘇洵《洪範圖論》一卷。

7　宋‧劉彝《洪範解》六卷，佚。

8　宋‧廖偁《洪範解》一篇，存。

9　宋‧孫諤《洪範會傳》一卷。

10　宋‧曾鞏《洪範論》一卷，存。

11　宋‧王安石《洪範傳》一卷，存。

12　宋‧徐熹《改正洪範》一卷，存。

13　宋‧孔武仲《洪範五福論》一篇，存。

14　宋‧蘇轍《洪範五事說》一篇，存。

15　宋‧晁補之《洪範五行說》一篇，存。

16　宋‧晁說之《洪範小傳》一篇，存。

17　宋‧曾致《洪範傳》一卷，佚。

18　宋‧盧碩《洪範圖章》一篇，存。

19　宋‧佚名《四先生洪範解要》六卷，佚。

20　宋‧范浚《洪範論》一篇，存。

21　宋‧陳伯達《翼範》一卷，未見。

22　宋‧孟先《尚書洪範五行記》一卷，佚。

23　宋‧吳仁傑《尚書洪範辨圖》一卷，未見。

24　宋‧鄭耕老《洪範訓釋》佚。

25　宋‧蔡元定《洪範解》一卷，未見。

26　宋‧鄭思孟《洪範解義》佚。

27　宋‧陳埴《洪範解》一卷，未見。

28　宋‧林維屏《洪範論》一卷，未見。

29　宋‧趙善湘《洪範統記》一卷。

30　宋‧蔡元鼎《洪範會元》佚。

31　宋‧馮去非《洪範補傳》一卷未見。

會傳》一書，〔註69〕以反對安石的觀點而寫，這類作品的問世，反映王安石的
〈洪範傳〉重要性，同時也帶動了同時期其它作品的產生。

　　另外，可以觀察的是王安石於〈洪範傳〉中以義理補正漢儒訓詁之不足，
我們觀諸於宋代王安石之後說《尚書・洪範》者，討論義理之作有大增之趨
勢。可見王安石〈洪範傳〉的問世，對於同時期其他相關文獻的討論與影響
可見一斑。本文以此僅就宋代的書目略窺之，仍有不周全之處。就書目的記
載來說，王安石賦予〈洪範傳〉治國大綱的理念，並駁斥漢儒的各種解釋，
從宋至清一直多所爭議，贊成與反對學者都有，因此，若能進行從宋至清相
關書目的聯繫，可以看出王安石此一學術觀點的傳承與影響，有助於釐清王
安石〈洪範傳〉於尚書學研究當中的定位與價值。

第三節　小　結

　　（一）就〈洪範傳〉與王安石變法的關係來看：

　　1. 王安石於熙寧變法之初，原屬於保守派的多位儒者，以天降災異之說
來反對王安石變法。例如，熙寧二年，呂晦，以「天災屢見」，富弼也以「諸
處地動災變」，熙寧三年時，范鎮言王安石新法使「天雨土，地生毛、天鳴地
震」，程顥亦言新法導致「天時未順，地震連年。」王安石對於《尚書》災
異的觀點與反對變法的富弼等人有不同的看法。據此，就王安石變法所引起
的災異之說來看，我們就王安石與富弼等人的例子觀察之，兩者乃是對於尚
書洪範的災異觀點，因詮釋立場的不同，而導致相互的詆毀與爭執。

　　2. 王安石重新詮釋〈洪範傳〉之原因，緣由於儒學思想的岐出所致，儒
家素重法祖，而他卻主張變法，被捍衛儒家正統的舊黨諸儒，批評爲法家之
術。而對於儒家經典，王安石自有一套的詮釋看法，例如，他批評「今之經
學，古之儒生」對於漢唐的章句之學，可以說抱持批判的態度。比較特別的

---

32 宋・鄒元佐《洪範福極奧旨》五卷佚。

33 宋・陳剛《洪範手抄》一卷，佚。

34 宋・劉漢傳《洪範奧旨》佚。

35 宋・胡希是《洪範考定》佚。

36 宋・趙孟頫《洪範圖》一卷，未見。

〔註69〕《郡齋讀書志》卷一上，經部書類下，載孫諤《洪範會傳》一卷：「右皇朝孫
　　　　諤撰，元祐中博士，其說多本漢儒，頗攻王氏之失。」頁18。

是，王安石爲了糾舉這種科舉制度所遺留下來的弊病，他主張以「求諸本經」方式去疏通聖人之微言大義。因此，他特別重視經典義理的發揮，從他更改科舉的條文：「務通義理，不必謹守注疏」可以看出其重視義理的主張。

（二）就〈洪範傳〉的內容而言

對於〈洪範傳〉歷代的詮解，王安石認爲從漢儒至宋開國以來，各家的詮解大多將〈洪範傳〉中，天人之間的關係加以神秘化與災異化。他認爲聖人在制作〈洪範傳〉時並沒有這樣的意思，因此他重新制作〈洪範傳〉，重新設計九疇的治國架構，賦予〈洪範傳〉政治上的新義，並且提出「天人二分」「人君不畏天」的觀點，駁斥反對變法諸儒天降災異的說法。這也印證本文前言所交代的，王安石爲何麼於神宗熙寧三年，變法衝突白熱化之際，重新潤飾改寫〈洪範傳〉上呈神宗。因此，王安石〈洪範傳〉產生的學術誘因，導因於變法有關災異之爭而起。

第四章　王安石的周禮學

第一節　由《周官新義》歷代評價所衍生的問題談起

神宗熙寧八年（西元 1075 年）六月，北宋的科舉制度有一重大的變革，即頒佈王安石詩、書、周禮義於學官，這象徵了從此科舉考試，將以王安石所詮釋的新經義爲科考的標準。〔註1〕史家們皆認定此三部新頒佈的經書之中，《周官新義》是最爲重要的一部書，由王安石親手所撰，並且此書是他變法主要的理論依據之書。

而考諸於後代學者對於王安石《周官新義》一書的評價，由宋至清的評價幾乎多是傾向於王安石以《周官新義》一書禍亂天下，即將他與王莽相比附說它竄改周禮經文，緣飾新法，而大肆抨擊之。例如宋人楊時他寫了一本《周禮義辨》，專門用以駁斥王安石的《周官新義》，他認爲：「安石挾管商之術，飾六藝以文奸言，變亂祖宗法度，其著爲邪說，以塗學者耳目，敗壞其心術者，不可屢數」。〔註2〕楊時甚至將北宋徽宗亡國之因都歸咎於王安石的新經義影響所致，並將其經義視爲異端邪說。〔註3〕之而後宋人對於《周官新

〔註1〕　《宋史‧神宗本紀》卷十五載：「六月乙未，日上有五色雲。丙午，釃汴水入蔡河以通漕。帝嘗謂王安石曰：今談經者人人殊，何以一道德？卿所著經，其以頒行，使學者歸一。八月，頒王安石書、詩、周禮義于學官，是名三經新義。」頁215。
〔註2〕　楊時之言請參見《靖康要錄》卷六，靖康元年五月初三戊辰條下。頁23。
〔註3〕　洪邁《容齋隨筆》卷十六〈周禮非周公書〉條下云：「周禮一書，世謂周公所作，而非也，昔賢以爲戰國陰謀之書，考其實，蓋出於劉歆之手。王安石欲變亂祖宗法度，乃尊崇其言，至與《詩》《書》均匹，以作《三經新義》，則安石所學所行實於此出乎，嗚呼二王之託《周官》之名以爲政，

義》一書的議論，從王安石變法開始一直持續到南宋末年爭議一直沒有間斷。
〔註4〕清代孫詒讓的《周禮正義》堪稱爲周禮學史上的集大成之作，他在《周禮正義序》談到周禮學之流變時，他認爲王莽時的劉歆、宇文周時的蘇綽、唐玄宗時的李林甫、宋神宗時的王安石、此四人藉《周禮》於變法，說道：「以其詭譎之心，刻覆之政，偷效於旦夕，校刊於黍抄，而謬託於古經以自文，上以誣其君，下以徼天下之口，不探其本而飾其末，其僥倖一試、不施踵而潰敗不可振，不其宜哉」〔註5〕孫詒讓認爲王安石等人竄亂聖人之經，以《周禮》發用於政事而天下亂矣。因此，王安石以《周官新義》禍亂天下之說，從宋至清皆有人主張其說，可知此說影響之深遠。

　　然而從歷代的文人對於王安石《周官新義》一書的評價來看，有一個現象值得觀察，我們可以看到此書在宋代的評價被攻擊的情形是最激烈的，也就是評價是最低的。元明清以來到了《四庫全書總目》評價慢慢的出現有翻案文章味道。如《四庫全書總目》在經部周禮類下有云：

> 安石之意，本以宋當積弱之後，欲濟之以富強，又懼富強之說必爲儒者所排擊，於是附會經義以鉗儒者之口，實非眞信《周禮》爲可行。迨其後，用之不得其人，行之不得其道，百弊叢生，而宋以大壞，其弊亦非眞緣《周禮》以致誤。羅大經《鶴林玉露》詠安石放魚詩曰：「錯認蒼姬六典書，中原從此變蕭疎……。」故安石怙權植黨之罪，萬萬無可辭，安石解經之說，則與所立新法各爲一事。〔註6〕

此處可以看出《四庫全書總目》對於《周官新義》的評價，對於王安石結黨之事，總目仍舊沿襲前人的說法，比較特殊的是提到二件事，其一、「而宋以大壞，其弊亦非眞緣於《周禮》以致誤」，總目站在比較客觀的立場上說明宋代亡國的原因，歸咎於此書所誤，有些太過。其二、「安石解經之說，則與所立新法各爲一事。」亦即王安石實行新法與著述《周官新義》這二件事應分

　　　　其歸於禍民。」洪邁認爲王莽與王安石皆託《周官》而於政治上禍國殃民。頁 78。
〔註4〕關於後人言王安石以周禮亂天下之說，請參見程元敏《三經新義輯考彙評三周禮》王安石〈引異端邪說〉條。其後，清人蔡上翔著《王荊公年譜考略》與梁啓超《王荊公》，皆有替王安石《周官新義》一書辯駁，可參見其書。
〔註5〕清・孫詒讓《周禮正義》序：「王安石託之以行新法而宋亦亂。」（台灣中華書局，民國 64 年 12 月版），頁 5。
〔註6〕《四庫全書總目》，經部，卷一九，禮類一，周官新義條下。

開個別來看，而非混爲一談。

　　基於此點，我們實有需要再回到宋代的學術脈絡底下，作一程序還原的工作，即回到《周官新義》成書的時代背景來重新考量它的學術意義。例如，觀察此書產生及其變革的情形。因此，本章試圖從《周官新義》成書時代背景，來重新考量他的學術意義。探討王安石《周官新義》於宋代學術史上的意義。底下分三個部分來討論，第一個部分從變法時期王安石與司馬光等人對於此書的見解入手，探討時代背景與《周官新義》成書的關係？第二個部分從《周官新義》的內容觀察王安石如何賦予理財上的新義？第三個部分從他賦予新義的周禮學入手，以學術派別分類的方式，分析此一文獻對於宋代周禮學之發展與影響。

第二節　儒家典籍《周禮》一書的詮釋權之爭

　　眾所皆知，《周禮》乃是中國自古以來記載治國設官分職的一部典籍，全書分爲六篇，每篇一官，分爲天官、地官、春官、夏官、秋官、冬官，第六篇冬官已亡，以《考工記》補之，此書在內容上所謂的「體國經野，設官分職」，是一部談國家政治制度設計之書，如清代的孫詒讓窮盡畢生之力，著成《周禮正義》，仍舊相信可以藉其當中的政治智慧，匡正清代政治制度的缺失。此書的重要性，不言而喻。中國歷史上直至近代，將《周禮》的制度實際運用於政治之上的變革，共計有三次，南宋的葉水心爲黃度所著《周禮說》一書作序，曾云：「周官晚出而劉歆遽行之，大壞矣，蘇綽又壞矣，王安石又壞矣。四千年更三大壞，而是書所存無幾也。」葉水心所指的三大壞，其一所謂的「劉歆遽行之」，所指的是漢末劉歆爲輔佐王莽主政，而編著此書，託周禮改制。其二「蘇綽又壞矣」西魏時蘇綽與盧辯，輔佐魏文帝宇文泰時，取周禮立法西魏、北周官制之事。其三「王安石又壞矣」乃指北宋神宗的王安石取周禮變法維新。

　　而王安石取周禮變法維新一事，就當時北宋的學術環境而言，考察於史籍與文獻的記載，可以發現王安石與舊黨諸儒，往來討論《周禮》的文獻爲數頗多。回溯至當時爭論的起點，王安石與原屬於保守派的司馬光等儒者的論辯，起初是從理財制度的討論開始，北宋仁宗嘉祐六年（西元 1061 年）司馬光於〈論財利疏〉一文當中，對於北宋國庫不足的問題，提出比較保守的以裁減奢費、

節流的理財主張，解決財政上的問題。〔註7〕而同時，在仁宗嘉祐四年（西元
1059年）王安石也在〈上仁宗皇帝言事書〉一文也表明他的理財觀點：

> 則財用之所不足，蓋亦有說矣。吏祿豈足計哉，臣於財利固未嘗學，
> 然竊觀前世治財之大略矣。蓋因天下之力，以生天下之財，取天下
> 之財，以供天下之費。自古治世，未嘗以不足爲天下之公患也，患
> 在治財無其道耳。〔註8〕

王安石認爲北宋財用之所以短缺，歸根究底乃「治財無道」，因此主張治國應
以理財爲當務之急，並提出「天下之利，以生天下之財」，與司馬光節流主張
不相同的論調，王安石認爲應以開源的方式解決財政困窘的難題。顯而易見
的，王安石與司馬光在宋仁宗時期便顯露兩種截然不同的理財策略。〔註9〕

王安石與司馬光，原本看似理財政策的討論，就在神宗熙寧元年（西元1068
年）王安石籌畫變法開始，取《周禮》爲變法的主要依據，王安石與司馬光等
人的爭議從此轉向於《周禮》一書的詮釋權爭議之上。熙寧三年（西元1070年）
兩派人馬爲了青苗法取息，爭執不下之際，王安石寫了〈答曾公立書〉一文，
宣稱先秦所流傳下來儒家的治國典籍《周禮》，爲「理財居其半之書」，宣稱周
公制作周禮，有一半是爲了理財之故，王安石此種想法，乃千古以來言周禮者，
未曾有的過的詮解，王安石如此的詮釋周禮，引來司馬光等人以捍衛傳統儒學
的立場，以義利之辨，直斥王安石以理財爲名，欲求一己之私利。而將他的主
張等同於法家的管商之術，而加以排斥，並認定爲異端邪說。因此，我們還原
到北宋學術的背景來看，理財與征利兩種截然背反的詮釋方向，皆出自於《周
禮》一書而來。

本文就在這樣的思考點下，嘗試從王安石變法時期《周禮》這部儒家傳
統典籍相關的言論作爲一個切入點，就其成書的背景來討論，周禮一書原爲
傳統儒家官制之書，爲何王安石稱他爲「理財居其半之書」？反對變法的司
馬光等舊黨諸儒的態度又是如何？

〔註7〕 司馬光於〈論財利疏〉一文當中剖析北宋之所以財政枯竭的原因，最主要有
　　　 五個：宮廷用度太奢，賞賜不節，宗室繁多、官職冗濫、軍旅不精等五個主
　　　 要的財政問題的癥結，因此司馬光向神宗建議以節用爲先，避免浪費的財政
　　　 主張。參見《司馬文正公傳家集》卷二十五，頁353～362。
〔註8〕 《王安石全集》卷一，奏議〈上仁宗皇帝言事書〉，頁7。
〔註9〕 其他有關於王安石與司馬光二者理財觀念的差異，可參見附錄，王安石與司
　　　 馬光理財觀念表對照表。

一、理財居其半之書與六國陰謀之書的論爭

首先，《周禮》一書是在何種的歷史情境之下成爲宋儒所注意和爭論的對象？有一項直接之因素，在公元十一世紀，王安石取用《周禮》作爲他變法的一部典籍，引起反對變法的司馬光等人對《周禮》大肆加以的詆毀與攻擊。而我們首先所要探究的是王安石與舊黨儒對於《周禮》一書，所持的立場爲何？是否有著什麼樣的差異？舊黨諸儒如何看待《周禮》一書？王安石爲何言《周禮》爲理財居其半之書？以下先以表格羅列王安石與舊黨諸儒有關《周禮》的言論：

本表以《續資治通鑑長編》熙寧元年至熙寧五年之間，王安石變法期間《周禮》相關爭議言論爲標準而製成此表：

王安石關於《周禮》的言論	舊黨諸儒關於《周禮》的言論
王安石從置三司條例一事開始引用《周禮》之官制，作爲變法之理論基礎：	舊黨諸儒從李常開始批評，王安石引《周禮》乃附會經義之舉：
《宋史記事本末》卷三十七，熙寧二年二月二月甲子條下：	《續資治通鑑長編拾補》卷七，熙寧三年二月癸未條下，李常的言論：
王安石：「周置泉府一官，先王所以権制兼併，均濟貧弱，變通天下之財，後世唯桑弘羊、劉晏合此意。學者不能推明先王法意，更以爲人主不當與民爭利。今欲理財當修泉府之法，以收利權，故置條例司，以講求理財之術焉。」（頁327）	按《宋史》本傳云：「熙寧初爲秘閣校理，王安石與之善，以爲三司條例詳檢司改右正言知諫院，安石立新法常預議不欲青苗收息，至是疏言：『條例司始建，已致中外之議，至於均輸、青苗散斂取息，附會經義，人且大駭，何異王莽猥析《周官》片言，以流毒天下。安石見之遣所親密論意常不爲止。」（頁2214）
《王安石全集》卷二十九，書啓〈答曾公立書〉論青苗法：	司馬光〈與王介甫第三書〉：
「某啓，示及青苗事，治道之興，邪人不利，一興異論，群聲和之，意不在於法也。孟子所言利者爲利吾國，利吾身耳。至狗彘食人食則檢之，野有餓莩則發之，是所謂政事。政事所以理財，理財乃所謂義也，一部《周禮》，理財居其半，周公豈爲利哉？姦人者因名實之近，而欲亂之，以眩上下，其如民心之願何？始以爲不請，而請者不可遏，終以爲不納，而納者不可卻。蓋因民之所利而利之，不得不然也。」（頁12）	「介甫所謂先王之政者，豈非泉府賒貸之事乎，竊觀其意似與今日散青苗之意也，且先王之善政多矣，顧以此獨爲先務乎，今之散青苗錢者，無問民之貧富，願與不願，強抑與之歲收其什四之息，謂之不征利，光不信也。」（頁2218）
《續資治通鑑長編拾補》卷七，熙寧三年二月壬午條下：	韓琦在《續資治通鑑長編拾補》卷七，熙寧三年三月乙未條下：

王安石勃然進曰：「苟從其欲，雖坊郭何害！」因難琦奏曰：「陛下修常平法以助民，至於收息，亦周公遺法也。如桑弘羊籠天下貨財以奉人主私用，乃可謂興利之臣。今抑兼併，振貧弱，置官理財，非以佐私欲，安可謂興利之臣乎！」曾公亮、陳升之皆言坊郭不當俵錢，與安石論難，久之而罷。帝終以琦說爲疑，安石遂稱疾不出。（頁2210）

韓琦再上疏言：「今准都進奏院牒，卻蒙置制司以臣言皆爲不當，臣當詳置制司疏駁事件，即將臣元奏要切之語多從刪去，唯舉其大概，用偏辭曲爲沮難及引《周禮》國服爲息之說，文其謬妄，將使無敢復言其非者，臣不勝痛憤……如臣所言不當及甘從竄誣，若是制置司處置乖方，天下必受其弊，即乞依臣前奏盡罷諸路提舉官，只委提點刑獄臣僚，依常平舊法施行以慰眾心。」按韓魏公《家傳集》下有云：「今制置條例司疏駁云，言者以謂元降敕命云：公家無所利其入合河北提舉官，乃令取息三分是與元敕絕相違戾先信於百姓，本司今按《周禮》泉府之官，民之貸者取民息有至二十有五，國事之財用取具焉，今常平新法預俵青苗價錢，但約熟時酌中物價，若熟時物貴即許量減市價納錢……近降指揮又令又令諸路預俵價錢，若遇物價極貴，亦不得過二分，即比《周禮》所取尤少者，臣竊以既立太平之法，必無剝民取利之理，但漢儒以去聖之遠，解釋或有異同耳。按《周禮》泉府掌市之征布斂布之，不售貸之滯於民用者以其價買之物皆而書之。」（頁2119）

神宗熙寧五年十二月
王安石〈上五事箚子〉云：

「傳曰：師不事古，以克永世，匪說攸聞。若三法者，可謂師古矣，然後知古之道，而後能行古之法，此臣所謂大利害也。蓋免役之法，出於《周官》所謂府、史、胥、徒，王制所謂庶人在官也。然而九州之民，貧富不均，風俗不齊，版籍之高下不足據，今一旦變之，則使之家至戶到，均平如一，故免役之法成，則農時不奪，而民力均矣。市易之法，起於周之司市、漢之平準，今以百萬緡之錢，權物價之輕重，以通商而貰之，令民以歲入數萬緡息。然甚知天下之貨賂未甚行，竊恐希功幸賞之人，速求成效於年歲之間，則吾法隳矣。臣故曰：「三法者，得其人緩而謀之，則爲大利，非其人急而成之，則爲大害。」（頁28）

《續資治通鑑長編拾補》卷七，熙寧三年三月丙申條下，孫覺的言論：

青苗法行，首議者謂：「周官泉府，民之貸者至輸息二十而五，國事之財用取具焉。」覺條奏其妄曰：「成周賒貸，特以備民之緩急，不可徒與也，故以國服爲之息，說者不明鄭康成釋經，乃引王莽計贏受息無過歲什一爲據，不應周公取息重於莽時。況載師任地，漆林之征特重，所以抑末作也。今以農民乏絕，將補耕助斂，顯比末作而征之，可乎？國事取具，蓋謂泉府所領，若市之不售，貨之滯於民用，有買有予，並賒貸之法而舉之；儻專取具於泉府，則冢宰九賦，將安用邪？聖世宜講求先王之法，不當取疑文虛說以圖治。」（頁2222）

從上表所列，從熙寧元年至熙寧五年間的史料，大致可以瞭解王安石與舊黨諸儒對於《周禮》一書的所持的態度，底下分論兩者之意見：

二、王安石的詮釋方向

就《周禮》一書的性質而言，原屬於儒家政治官制之書，為何會成為理財之書？從上表可得知王安石的變法引用《周禮》的情形。《周禮》一書成為爭議的起點，是在神宗熙寧二年二月（西元 1069 年），王安石提出設置三司條例司一事為開端，王安石提議《周禮》經文之中有泉府一官，負責統轄天下之財貨，因此上疏請神宗設置三司條例司一官，仿效先王理財的方法，來統領天下的財政。王安石此舉引發宋儒爭議《周禮》的開端，招致反對新法諸儒強烈的反對。王安石於設置條例司一官之後，接著又提出、均輸、青苗、免役、保甲諸項新法其源頭皆源於《周禮》。並大聲疾呼其所本乃先王治國之道，周公之遺法是也。

神宗熙寧三年（西元 1070 年）新舊兩黨為了青苗法相互爭執不下，王安石於〈答曾公立書〉曰：「政事所以理財，理財乃所謂義也，一部《周禮》理財居其半，周公豈為利哉？」他以周公為名，提出為國理財是義的表現，並將《周禮》定位在理財居其半之書，申辯新法所求並非征利。熙寧五年（西元 1072 年）王安石〈上五事箚子〉接著又提出免役法，市易法，皆出於《周禮》之制，他說：「傳曰：師不事古，以克永世，匪說攸聞。若三法者（免役、市易、保甲三法），可謂師古矣，然後知古之道，而後能行古之法，此臣所謂大利害者也。蓋免役之法，出於《周官》所謂府、史、胥、徒，王制所謂庶人在官者也。」

我們對照上表將熙寧二年至熙寧五年，王安石有關《周禮》的言論合併來看，有幾條線索可以觀察：一、王安石將《周禮》一書，定位為理財居其半之書，可以說是為了因應變法富國強兵以理財為先的理念，而提出學理上的依據。王安石說《周禮》是一部理財之書，主要乃用他來駁斥舊黨諸儒有關於儒家義利之說的攻擊。因此他重新詮釋《周禮》一書。將周公之遺法《周禮》，詮釋的重點放在理財的層面上，作為變法改革之用。將自己富國強兵理念灌注在《周禮》之中，而《周禮》在王安石的詮釋之下，成為變法理財所依據之經典。就中國歷代《周禮》學的發展來說，原屬於儒家理想中的治國典籍，經過王安石的解釋，賦予新義而成了「理財居其半之書」。

　　此外，北宋以來科舉制度的流弊，也是促使王安石重新詮釋典籍的原因之一。中國的科舉制度與儒家經典緊密的結合，漢代的董仲舒可以說是始作俑者，《漢書・董仲舒列傳》詳載其向漢武帝建言以儒家學術統一天下的可行性，其曰：「《春秋》大一統者，天地之常經，古今之通義也。今師異道，人異論，百家殊方，指意不同，是以上無以持一統，法制數變，下不知所守。臣愚以為諸不在六藝之科，孔子之術者，皆絕其道，勿使并進。邪辟之說滅息，然後統紀可一，法術可明。」董仲舒的提議獲得漢武帝的採納並推行，其主要的原因在於「獨尊儒術」不僅可以使帝王達到統一思想的目的，並且強調尊君的儒家思想對於君權的鞏固更為有利，於是漢武帝在「獨尊儒術」之時，立五經博士，並以此為標準，設科取士，來表彰五經。也就是說，漢武帝認為以儒家思想的經學取士，不但有利於君權的鞏固，儒家重視綱紀，忠君與孝悌人倫的思想，相當符合治理天下的需求，在兩者皆可兼顧的考量下，歷代的帝王無不樂於提倡儒家的思想。

　　漢武帝以五經取士的措施，影響後代科舉制度甚鉅，自此而後，欲求利祿者，無不熟讀五經。儒家思想的權威性，與尊經的觀念也自漢代開始建立。但由於科舉利祿的關係，士人長期專注於考試的科目，積累日久，科舉的流弊日趨嚴重。自北宋以來，科舉的流弊已經十分明顯，王安石在〈答姚闢書〉云：

> 今冠衣而名進士者，用萬千計蹈道者有焉，蹈利者有焉，蹈利者則否，蹈道者則未免離章絕句，解名釋數，遽然自以聖人之術單此者有焉，夫聖人之術，修其身，治天下國家，在於安危治亂，不在章句名數焉而已。而曰聖人之術單此者，皆守經而不苟世者也，守經而不苟世，其於道也幾。〔註10〕

宋沿襲漢唐以來科舉制度，導致士人仍舊專注於章句訓詁，聖人的經典處於章句注疏支離破碎的危機，王安石憂心「安危治亂，不在章句名數焉而已」，而提出回復聖人經義的主張。熙寧八年（西元 1075 年）王安石寫成《周官新義》在其序言提到寫作之由：

> 士弊於俗學久矣，聖上閔焉，以經術造之，乃集儒臣，訓釋闕旨，將播之校學，而臣某實董《周官》，為道之在政事，其貴賤有位，其後先有序，其多寡有數，其遲數有時，制而用之存乎法，推而行之

〔註10〕《王安石文集》卷三十二，〈答姚闢書〉，頁35。

存乎人。其人足以任官，其官足以行法，莫盛乎成周之時，其法可
施行於後世，其文有見於載籍，莫具乎《周官》之書。蓋其因習以
崇之，庚續以終之，至於後世無以復加，則豈特文、武、周公之力
哉？猶四時之運，陰陽積而成寒暑，非一日也。自周之衰，以至於
今，歷歲千數百矣，太平之遺跡，掃蕩幾盡，學者之所見，無復全
經，於是時也，乃欲訓而發之。〔註11〕

在王安石看來，儒家之道正在經邦治世，亦即所謂的經術，故言「為道之在政
事」，細究王安石之意，他提出「士弊於俗學久矣」，所謂的俗學所指為何？考
察於文集，王安石所謂的俗學乃指漢以來的章句專注之學，〔註12〕而為了挽救
科舉制度的流弊，王安石重新訓釋儒家經典，提倡義理的重要性。宋神宗熙寧
四年二月（西元 1071 年），王安石更定貢舉法，以經義策論取士，對於經書要
求「務通義理，不必盡用注疏」。考《詩》、《書》、《易》、《周禮》、《禮記》、《論
語》、《孟子》七經，並於熙寧六年三月（西元 1073 年），設立經義局重新注釋
《周禮義》、《書義》、《詩義》三書。熙寧八年六月（西元 1075 年）撰成《周禮
義》、《書義》、《詩義》頒佈於學官，〔註13〕成為科舉考試之書，其「務通義理」
的主張，更加助長宋代的疑經之風。如宋代王應麟於《困學紀聞》的記載：「自
漢儒至於慶曆間，談經者守訓詁而不鑿，七經小傳出而稍尚新奇矣。至三經義
行，視漢儒之學若土梗。」王安石對於宋人擺脫漢唐舊注的束縛，實具有開創
之功。

三、司馬光等人的詮釋方向

由上表所述，王安石熙寧變法期間，反對變法的舊黨對於王安石取用《周
禮》大致有如下的看法：一、批評王安石附會經義於《周禮》，引泉府而收青
苗錢，其行為如同漢末的王莽一般，以錢貸民求利禍亂於天下。二、司馬光

〔註11〕《王安石文集》卷二十五，序記〈周禮義序〉，頁 147。
〔註12〕《王安石文集》卷九，奏議〈除左僕射謝表〉中王安石批評孔子歿世之後，
　　　漢代興起的章句傳注之學，掩蓋了經典的義理：「竊以經術造士，實始聖王之
　　　時，偽說誣民是為衰世之俗，蓋上無躬教立道之明辟，則下有私學亂治之姦
　　　氓，然孔氏以羈臣而興未喪之文，孟子以遊士而承既沒之聖；異端雖作，精
　　　義尚存。逮更煨燼之災，遂失源流之正；章句之文勝質，傳注之博溺於心；
　　　此淫辭詖行之由所昌，而妙道至言之所為隱。」頁 80。
〔註13〕《續資治通鑑長編》熙寧八年六月乙未條下載：「日上有五色雲。丙午，釃汴
　　　水入蔡河以通漕。己酉，頒王安石詩、書、周禮義于學官。」頁 2794。

等人，對於王安石「理財居其半」之說，視之為欲行新法的託詞而已。如孫覺所言：「聖世宜講求先王之法，不當取疑文虛說以圖治。」也就是說，他們並不相信王安石所說《周禮》是一本理財之書，認為只是王安石緣飾新法求利的託詞而已。

司馬光在〈與王介甫第三書〉中提到所謂：「介甫所謂先王之政者，豈非泉府賒貸之事乎，竊觀其意似與今日散青苗錢之意異也，且先王之善政多矣，顧以此獨為先務乎。」這裡司馬光所謂「先王之善政」，還是指傳統儒家治國，興德義、陳禮樂的一套方法，而王安石新法所謂的「泉府賒貸之事」，司馬光認定其為一種求利的行為，在他看來儒家先王之善政，孔孟皆不言利，王安石卻將儒家的經典《周禮》作理財賒貸之書，可以說完全背離了傳統儒家君子不言利的思想，因此而大加轘閱之。也就是說，司馬光對於王安石所詮釋《周禮》當中的周公理財治天下的一套說法，是完全站在反對的立場上，並且力闢之為異端邪說。

邵博的《邵氏聞見後錄》記載司馬光與宋神宗有一次關於青苗法的君臣對話：

> 司馬文正公《日記》中，上主青苗法曰：「此《周禮》泉府之職，周公之法也。」光對曰：「陛下容臣不識忌諱，臣乃敢昧死言之。昔劉歆用此法以佐王莽，使農商失業，涕泣於市道，卒亡天下，安幸為聖朝法也？且王莽以錢貸民，使為本業，計其所得之利，十取其一，比於今日，歲取四分之息，猶為輕也」……是文正公意，亦以《周禮》多新室之事也，自王荊公藉以文其政事，盡以為周公之書，學者無敢異議矣。〔註14〕

從邵博的記載，細究司馬光所言，王安石為了推行變法以《周禮》文飾政事，以青苗法為周官泉府舊有之法推行新法，遭到司馬光的駁斥，司馬光認為為《周禮》乃劉歆輔助王莽禍亂天下的一本書。於是司馬光上諫於神宗，質疑《周禮》一書的真實性，他認為極有可能是劉歆為了輔佐王莽而偽作《周禮》，並非周公親手所著之書，因此勸神宗不必採信《周禮》中所記載的制度。

除了反對王安石仿效王莽將《周禮》作於以錢貸民的求利之書外，對於

〔註14〕邵博《邵氏聞見後錄》卷三：「昔孟子欲言《周禮》，而患無其籍，今《周禮》最後出，多雜以六國之制。」

《周禮》一書的真僞及作者的問題，也抱持著懷疑的態度。北宋的學者之中最早開始懷疑《周禮》是否爲周公所作的問題，首推爲歐陽修：

> 周禮其最後出，漢武以爲瀆亂不驗之書，何休亦云六國陰謀之説，何也？然今考之，實有可疑者。夫内設公卿大夫士，下至府史胥徒，以相副貳，外分九服，建五等，羞尊卑，以相統理，此《周禮》之大略也，而六官之屬，略見於經者五萬餘人，而里閭縣都之長、軍師卒伍之徒不與焉。王畿千里之地，爲田幾井，容民幾家王官王族之國邑幾數，民之貢賦幾何而又容五萬人者於其間？其人耕而賦乎？如其不耕而賦，則何以給之？夫爲治者，故若是之煩乎？此其一可疑者也。秦既誹古，盡去古制，自漢以後，帝王稱號，官府制度，皆襲秦故，以至於今，雖有因有革，然大抵皆秦制也，未嘗有意於《周禮》者，豈其體大而難行乎？其果不可行乎？夫立法垂制，將以遺後也。使難行而萬世莫能行，與不可行等爾。然則，反秦制之不若也。脱有行者，亦莫能興，或因以取亂，王莽後周是也。則其不可用決矣，此又可疑也。〔註15〕

歐陽修懷疑《周禮》並非周公所作而提出以下的言論，他認爲《周禮》如爲周公所作經世制度之書，其中就《周禮》所記載的官屬而言，就有五萬餘人之多，若用在治國實際政策的落實上，則其官制幾近於繁瑣不易施行，歐陽修認爲這是第一點可疑的地方。第二點可疑的地方在於，歐陽修就歷代官制的發展脈絡而言，自漢以來的官府制度，皆襲用秦制至於今，然而卻不見哪一朝採用《周禮》的官制，歷史上只載後漢的王莽曾經採行之，歐陽修因此懷疑若爲周公所立之法，理所當然的應垂留後世爲歷朝之典範，但事實卻不然，因此他懷疑《周禮》非周公所作，可能爲周公之後晚出的作品。

　　歐陽修懷疑《周禮》非周公所作的這個問題，吸引了宋儒對於《周禮》的注意，然而此處值得思索的是，爲何《周禮》的作者問題會被宋儒提出來討論？其實關於《周禮》是否爲周公所作的這個議題，我們若將《周禮》放置在歷史背景中加以考量，可以發現懷疑《周禮》非周公所作的這個問題，從東漢以來就已經存在。唐代賈公彥注疏《周禮》便提到漢武帝時的林存孝便認爲《周禮》乃：「末世瀆亂不驗之書」，何休亦認爲：「《周禮》是六國陰

〔註15〕歐陽修懷疑周禮之語，見於《歐陽修全集》居士集，卷四十八，〈問進士策三首〉。頁326。

謀之書」。〔註16〕因此,《周禮》一書是否爲周公所作的問題,是有其歷史淵源,乃是前有所本,但是此問題至宋代又被歐陽修重新提出來討論。

王安石變法期間,蘇軾也針對《周禮》的作者提出其見解,首先他提出《周禮》所記載之制度,多與古制不合:

> 周禮之言田賦、夫家、車徒之數,聖王之制也;其言五等之君封國之大小,非聖人之制也,戰國所增之文也,何以言之?按鄭氏說:武王之時,周地狹小,故諸侯之封,及百里而止,周公征伐不服,斥大中國,故大封諸侯,而諸公之地至五百里。不知武王之時何國不服?而周公之所征伐者誰也?東征之役,見于詩書,豈其廓地千里而史不載耶?此甚可疑也,周之初,諸侯八百,春秋之世,存者無數十,鄭子產有言,古者大國百里。今晉楚千乘,若無侵小,何以至此?子產之博物其言宜可信,先儒或以爲周禮爲戰國陰謀之書,亦有以也。王制公侯百里,伯七十里,子男五十里,而孟子之說亦如此,此三代之通法。〔註17〕

蘇軾對於《周禮》大司徒言諸侯封地五百里之數,疑其與古制不合,他提出反例說明子產言周之時大國僅百里,並對照於〈王制〉的記載,公侯僅有百里,而伯七十里。並且指出鄭玄言周公征伐不服,因此周公大封諸侯擴大疆域之事。蘇軾以卻質疑周公東征之事,他認爲《周禮》所載周公廓地千里之事,考索各部先秦典籍卻沒有記載此事,據此蘇軾認爲《周禮》大司徒所言的封國之制,可能是後來戰國之人所增入的,因此蘇軾與何休看法一致,認爲《周禮》可能是戰國陰謀之書。

對於王安石引《周禮》各種制度作爲變法的依據,蘇軾說道:「言周公所以治國者莫詳於《周禮》。然吾以觀之,秦漢諸儒以意損益之者眾矣,非周之完書也。何以言之?凡《周禮》之所以詭異於人情者皆不可信也,古之聖人,立法以便民者有矣,未有立法與強人者。立法以強人,此迂儒之所以亂天下

〔註16〕 唐・賈公彥《周禮注疏》〈序周禮興廢〉中就已經提出林存孝、何休人懷疑《周禮》一書的眞實性,賈公彥說道:「周禮起於成帝劉歆,而成於鄭玄,附離者大半,故林孝存以爲武帝之周官末世瀆亂不驗之書,故作十論七難以排棄之。何休亦以爲六國陰謀之書,唯有鄭玄遍覽群經,知周禮者,乃周公致太平之跡。」

〔註17〕 《蘇東坡全集》續集卷九,〈天子六軍之制〉,頁271。台北,世界書局,民國53年2月版。

也。」換句話說，蘇軾亦不相信《周禮》是周公之遺法，並且批評王安石引用儒家經典《周禮》來變法推行於天下，乃迂儒亂天下的行為。

當時蘇轍亦懷疑《周禮》一書的眞實性：「言周公所以治國者莫詳於《周禮》。然以吾觀之，秦漢諸儒以意損益之者眾矣，非周公之原書也。」〔註18〕此外，程明道也質疑王安石引用《周禮》的目的，他說：「有〈關雎〉、〈麟趾〉之意，然後可以行周官之法度。」意思是說只有王者行王道，才能實行《周禮》之法度，並且他批評王安石變法是「圖王而時霸，行義而歸利」。

綜合以上所言，我們還原到《周官新義》成書的時代背景來看，王安石與司馬光等人在《周禮》一書上的爭議，重點並非單純的在政策制度上面之爭議，而存有著學術思想上的巨大差異。王安石將理財富國的理念，灌注於傳統儒家經典《周禮》當中，使得原屬於設官分職的典章制度之書，因王安石變法維新成為「理財居其半」之書。而司馬光、李常等人則批評王安藉附會經義於《周禮》而求征利，而王安石則辯駁《周禮》自周公以來本就是理財居其半之書。換言之，二者對於此書的爭議源自於意識形態的不同所致，也就是說二者對儒家典籍《周禮》一書的詮釋與立場，導因於不同學術思想觀念所致。

第三節　王安石賦予新義的《周官新義》

一、周禮經文「中性」之特質

有關《周禮》一書的思想特徵為何，是學術史上的一樁公案，有二種對立之說法，據金春鋒所言；

> 周官一書，近人錢穆、顧頡剛、徐復觀等，認為是法家著作，其儒家思想不過是裝飾、點綴，顧頡剛形容《周官》是四不像，但劉歆、鄭玄、東漢諸儒及賈公彥、張載、程頤、朱熹、孫詒讓等卻肯定其為儒家思想。〔註19〕

就《周禮》經文的思想傾向來說，《周禮》這部書的性質是儒家思想亦或是法家思想，至今並沒有一個定論。例如〈秋官・大司寇〉的經文為：「以圜

〔註18〕蘇轍周禮之言，見《欒城後集》卷七，歷代論〈周公第三〉，頁167。
〔註19〕請參見金春鋒《周官之成書及其反映的文化與時代新考》（台北東大圖書公司民國82年11月版），頁275。

土聚教罷民，凡害人者，寘之圜土而施職事焉，以明刑恥之。其能改者，反于中國，不齒三年。其不能改而出圜土者，殺。」東漢時鄭玄解釋爲：「圜土，獄城也，眾罷民其中，困苦以教之爲善也。」徐復觀卻解釋〈大司寇〉這段話是周朝集權政治的表徵。王安石的詮釋爲：「凡害人者，謂有過失而立於法也，其獄謂之圜土，則有生養之意也，其人謂之罷民，則不自強以禮故也。施職事焉，則使之自強，……先王之於民也，德以教之，禮以賓之，仁以宥之，義以制之，善者怙焉，不善者懼焉。」〔註20〕他認爲〈秋官‧大司寇〉所言乃先王之道的體現。據上所言，我們可以觀察《周禮》的一句經文可以有若干種不同意思的詮解。

此外，關於理財之職掌，〈天官‧太宰〉條下言：「以九貢致邦國之用，一曰祀貢、二曰嬪貢、三曰器貢、四曰幣貢、五曰材貢、六曰貨貢、七曰服貢、八曰斿貢、九貢言致者，邦國之財，不可斂而取也，致之使其自至而已。九賦言財賄，九貢言用者，財賄以斂言也，斂止於王畿，則所斂狹矣。用以散言也，散及於邦國，則所敗廣矣。大宰事王以道，斂欲狹，散欲廣，王之道也。」王安石將九貢致邦國之用，賦予理財之義，言大宰收取賦稅理邦國之財乃先王之道。《周禮》當中的每一職事，都可以有如上所述不同的詮解方式，究其因在於《周禮》經文所載都是言簡義賅的條文，歷代的詮釋者皆可將自己的理念灌注於經文之中，因此形成歷代各家不同的詮釋面貌。總的來說，《周禮》樸質的文句具有中性之特質，一部《周禮》可以有若干種不同詮釋的說法。

中國的經書亙古不變，但也是亙古彌新，基於《周禮》經文中性的特質，因此後世的人可以對於經書作無窮之詮釋，而北宋的王安石就將它視爲變法維新的依據。而關於王安石制作《周官新義》的目的，一般而言，以《四庫全書總目提要》的說法爲最爲普遍：

> 《周禮》之不可行於後世，微特人人知之，安石亦未嘗不知也。安石之意，本以宋當積弱之後，欲濟之以富強，又懼富強之說必爲儒者所排擊，於是附會經義以鉗儒者之口，實非眞信《周禮》爲可行。

〔註20〕《周禮‧秋官‧大司寇》：「以嘉石平罷民，凡萬民之有罪過而未麗于法而害於州里者，桎梏而坐諸嘉石，役諸司空：重罪，旬有三日坐，期役；其次九日坐，九月役；其次七日坐，七月役；其次五日坐，五月役；其下罪三日坐，三月役；使州里任之，則宥而舍之。以肺石達窮民，凡遠近孤獨老幼之欲有復於上而其長弗達者，立於肺石三日，士聽其辭，以告於上而罪其長。」

〔註21〕

總目這裡說解王安石制作《周官新義》一書，提出「周禮藉口論」的解釋，所謂的「周禮藉口論」，意指王安石並非相信周代的政治制度可以行諸於北宋，王安石作此書是別具寓意的，王安石的目的乃在「附會經義以鉗儒者之口」。換句話說，王安石重新詮釋《周官新義》一書最主要的目的，在於駁斥反對變法者的抨擊，因此而成就了此書。考察《四庫總目提要》的觀點，有關於王安石以《周禮》為藉口一事，我們翻查至宋代史料，宋儒之中，最早批評王安石引《周禮》為藉口的是李常：「熙寧初為秘閣校理，王安石與之善，以為三司條例詳檢司改右正言知諫院，安石立新法常預議不欲青苗收息，至是疏言：「條例司始建，已致中外之議，至於均輸、青苗散斂取息，附會經義，人且大駭，何異王莽狷析《周官》片言，以流毒天下。安石見之遣所親密論意常不為止。」〔註22〕李常對於王安石割裂《周禮》的經文作為均輸、青苗法立論之根據，並不表贊同，他認為王安石就如同漢末的王莽，以附會經義的方法，作為變法辯護的藉口。

　　南宋晁公武的《郡齋讀書志》於王安石《周官新義》條下陳述相同的觀點，清代《四庫總目提要》便沿用《郡齋讀書志》說法。所以《四庫總目提要》的觀點大致是沿襲晁公武而來的。而底下我們將回到王安石親手所著之《周官新義》內容上考察他如何詮釋與架構周禮為一部「理財居其半」之書？作為變法之理論依據，並且託周禮之名，而行理財改革之實，將新法的理念灌注於《周禮》之中，使得《周禮》為一部理財居其半之書，在宋代周禮學的發展史上自成為「賦予新義」的周禮一派。並且探論王安石如何重新詮釋儒家典籍《周禮》一書，觀察此一文獻於宋代學術史之定位。

二、託古改制於周禮

　　神宗熙寧三年（西元1070年）王安石與司馬光兩人為了青苗法相互爭執不下，王安石寫了〈答曾公立書〉回應舊黨諸儒征利之質疑曰：「政事所以理財，理財乃所謂義也，一部《周禮》理財居其半，周公豈為利哉？」這段論述，乃王安石具代表性的言論，他託周公之名，而說周禮為理財之書，底下即針對新法之制度，分析王安石託古改制於《周禮》的具體內容。

〔註21〕《四庫全書總目提要》經部，卷一九，周禮類下。
〔註22〕《續資治通鑑長編拾補》卷七，熙寧三年二月癸未條下，頁2214。

（一）商業經濟之制

1. 泉府之制

王安石有關於商業經濟制度之改革，在變法中最具有爭議性的莫過於青苗法與市易法。青苗法乃王安石依照自己早年在鄞縣地方所實施「貸穀於民，利息以償」的經驗，而設置青苗法。〔註23〕目的在改變宋初開國原有常平倉之作法，將常平廣惠倉現有穀米兌換爲現錢，以此爲資金借貸與農民。

青苗法簡單的說算是北宋政策性的農業貸款，其作法乃以常平倉之錢穀作爲可貸的基金，春季貸與農民，待農民秋收時歸還，其中收取二分的利息，王安石的這套所謂「人在困乏，常在新陳不接之際，兼併之家乘其急以邀倍息，而貸者常苦於不得。」〔註24〕王安石認爲由國家統一管理此農業性貸款，不但可以增加國家稅收，亦可防止民間之放債取息而立法。而我們考索於王安石《周官新義》，青苗法之理論依據可說來自於《周禮·地官》的〈泉府〉與〈師旅〉二官，底下則分別論述之：

考察《周禮》之經文〈地官·泉府〉：

> 掌以市之徵布，斂市之不售，貨之滯於民用，以其賈買之，物楬而書之，以待不時而買者，買者各從其抵。都鄙從其主，國人郊人從其有司，然後予之。凡賒者，祭祀無過旬日，喪紀無過三月。凡民之貸者，與其有司判辨而授之，以國服爲之息，凡國之財用取具焉。
>
> 歲終，則會其出入而納其餘。〔註25〕

周禮泉府一官之設置，其職責乃在調節國家經濟之供求，並以各項稅收所得，辦理國家貸款。而王安石託周禮泉府中的國家貸款之法，改革北宋農業之經濟，《續資治通鑑長編》載熙寧二年（西元 1069 年）七月，行青苗取息之法：「初，陝西轉運使李參，以部內糧儲不足，令民自隱度粟麥之贏，先貨以錢，俟穀熟還官，號「青苗錢」，行之數年，廩有餘糧。至是條例司言：「諸路常平、廣惠倉，錢穀斂散，未得其宜，故爲利未博。……令通一路有無，貴發賤斂，以廣蓄積，平物價，使農人得以趨時赴事，兼并者不得乘其急。凡此皆以爲民，而

〔註23〕關於青苗法施行的經過，請參見（附錄之新舊黨人學術觀念對照表，表四青苗法）。

〔註24〕《宋史·食貨志》：「以廣蓄倉平物價，使農人有以赴時趨事，而兼併不得乘其急，凡此皆以爲民，而公家無所利其入，亦先王散惠興利，以爲耕斂補助袤多而補寡而抑民豪奪魚肉農民之事。」

〔註25〕《三經新義輯考彙評·周禮》卷七，〈地官司徒二〉泉府條下。頁 211。

公家無所利焉，是亦先王散惠興利以爲耕斂補助之意也。」〔註26〕

此種農民政策，王安石《周官新義》底下訓釋〈旅師〉條中，也有類似以穀貸民的言論，他說：「掌據野鋤粟、屋粟、閒粟而用之者，聚此三粟而用以頒其施以散也。施其惠，若民有艱，不責其償。」〔註27〕王安石追本溯源熙寧變法中青苗取息之例，早在周公時就有此例，以穀借貸於百姓，乃先王散惠興利之法，有法可循，據此而言變法理財的學理依據。因此，我們考其王安石新法在商業及經濟的改制方面，以青苗法爲例其淵源可以追溯至周禮的〈泉府〉與〈旅師〉二項制度而來。

2. 司市之制

熙寧五年（西元 1072 年）王安石上奏神宗〈上五事箚子〉一文，檢討各項新法施行的成效，提出市易法的根據：「市易之法，起於周之司市、漢之平準，今以百萬緡之錢，權物價之輕重，以通商而貰之，令民以歲入數萬緡息。」〔註28〕市易法是王安石有關於商業經濟制度的另一項重大的改革措施，他將市易法之理論根據溯源至周禮的〈地官・司市〉：

> 掌市之治教、政刑、量度、禁令。以次敍分地而經市，以陳肆辨物而平市，以政令禁物靡而均市，以商賈阜貨而行布，以量度成賈而徵價，以質劑結信而止訟，以賈民禁僞而除詐，以刑罰禁虣而去盜，以泉府同貨而斂賒。大市日昃而市，百族爲主；朝市朝時而市，商賈爲主；夕市夕時而市，販夫販婦爲主。凡市入，則執鞭度守門，市之群吏平肆、展成奠賈，上旌于思次以令市。市師涖焉，而聽大治大訟。〔註29〕

其改革的方法與青苗法本於〈地官・泉府〉的作法相同，差別在於在施行範圍上的不同，青苗法所重在於農業制度之改革，而市易法所重在商業經濟的改革上，所謂的「古通有無，權貴賤，以平物價，所以抑兼并也。去古既遠，上無法以制之，而富商大室得以乘時射利，出納斂財之權一切不歸公上。今若不革，其幣將深。」其目的在於平輸物價，並由國家設置市易司統一掌管天下之財貨。市易法與青苗法同爲新法中理財之大法，王安石託《周禮・司

〔註26〕《宋史記事本末》卷三十七，熙寧二年九月丁卯條下，頁332。
〔註27〕《三經新義輯考彙評・周禮》卷七，〈地官司徒二〉旅師條下。頁251。
〔註28〕《王安石全集》卷三，奏議〈上五事箚子〉，頁28。
〔註29〕《三經新義輯考彙評・周禮》卷七，〈地官司徒二〉司市條下。頁207。

市》行商業制度之改革，以市易之法整頓天下貨物的供需平衡。

（二）土地田籍之制

1. 井田之制

中國自秦商鞅變法後，已不再實行井田制，《史記》早有記載，商鞅在秦變法：「廢井田，開阡陌」。而王安石早年在他的文集裡有〈慈溪縣學記〉一文提及宋代田制的改革，他說：「後世無井田之法，而學亦或存或廢，大抵所以治天下國家者，不復皆出於學，而學之士，群居族處，爲師弟子之位者，講章句課文字而已」〔註30〕。我們考察於《周禮‧小司徒》下云：「乃經土地，而井牧其田野，九夫爲井，四井爲邑四邑爲丘，四丘爲甸，四甸爲縣，四縣爲郡，以任地事，而令貢賦，凡稅斂之事。」〔註31〕王安石則發揮其義曰：「田畝有類於井，而公田之中又鑿井焉，故謂之井田，一井之田九百畝，八家八百畝，公田居中百畝除二十畝，八家分之，得二畝半，以爲盧舍，合保城之地二畝半，孟子所謂五畝之宅是也，公田八十畝，八家耕之，是爲助法。盧舍居中，貴人也。私田環列於公田之外，蓋衛王之意。」〔註32〕王安石有意藉著《周禮》恢復井田之制，改革宋代土地不足問題。

（三）軍事兵役之制

1. 免役之制

關於募役法之源由起於宋神宗差役法而來，宋因隋唐之舊，宋太祖於太平興國五年，定差役法，以貧富分諸州戶爲九等，上四等充役，下四等免之。英宗治平四年六月神宗即位，三司使韓絳言：「害農之弊，無過差役，重者衙前，多致破產，次則州役，亦須重費。」，同年九月神宗乃詔天下官吏有能知差役利害可以寬減者，實封條析以聞，役法之議始於此。王安石於熙寧元年（西元 1068 年）〈本朝百年無事箚子〉已論及差役法之弊「農民壞於繇役，而未嘗特見救恤。」，而於變法時提出募役法以救差役法之弊。《宋史‧食貨志》卷一百七十七詳載募役法之立意：「使民出錢雇役，即先王致民財以祿庶人在官之意，願以條目」。募役之法，即變更宋初以來的差役制爲募役制，故又名募役法或免役法。王安石〈上五事箚子〉云：

〔註30〕《王安石全集》卷二十七，序記，〈慈溪縣學記〉，頁 166。
〔註31〕《三經新義輯考彙評三周禮‧上編地官司徒二》頁 186。
〔註32〕《三經新義輯考彙評三周禮‧上編地官司徒二》頁 182。

> 蓋免役之法，出於《周官》所謂府、史、胥、徒，王制所謂庶人在
> 官者也。然而九州之民，貧富不均，風俗不齊，版籍之高下不足據，
> 今一旦變之，則使之家至戶到，均平如一，故免役之法成，則農時
> 不奪，而民力均矣。

北宋早期行之有年的差役法，王安石認為是北宋擾民的政策，當時農民生產
意願低落，王安石認為乃源於差役法之弊，而施行免役法能使農民能減輕差
役的負擔專心於從事農業生產。《續資治通鑑長編》熙寧四年二月庚午條下，
王安石主張去除差役法，而行免役法「又論理財以農事為急，農以去其疾苦，
抑兼併，便趨農為急，此臣所以汲汲於差役之法也。」王安石為了改革差役
法之而託之於《周禮》謂：「免役之法，出於周官所謂府史胥徒，王制所謂
庶人在官之意。然九州之民貧富不均，風俗不齊，版籍之高下不足據，今一
旦變之，則使之家至互到，均平如一。舉天下之役，人人用募，釋天下之農，
歸於畎畝」，以免役之法出於《周官》所謂「府史胥徒」之制，而立此法。

2. 保甲之制

　　熙寧三年（西元 1070 年）十二月，王安石以節省國家財政的支出為考量，
主張應恢復先王「以農為兵」的兵制政策，並提出罷用募兵的政策而提出保
甲法，王安石認為「先王以農為兵，以鄉遂寓軍旅，方其在田，什五已定，
須有事乃發之戰守，其妨農之時少。」的前提下，他主張「古者民居則為鄉，
五家為比，比有長，及用兵，即五人為伍。」，如保甲之法，起源周禮之〈什
伍之制〉王安石以《周禮》行改革兵制的目的：「保甲之法，起於三代丘甲，
管仲用之齊，子產用之鄭，商君用之秦，仲長統言之漢，而非今日之立異也。」
《周禮》〈天官・宮正〉掌王宮之戒令糾禁條下：「以會其什伍，教之道藝為
急，則不可不致養，均其稍食則所以致養也；均其稍食矣，然后稍食可會也，
教之道藝矣，然後行事可會也。若行會可會矣，然後邦有大事，可責以聽政
令而守也，于是無事矣，思患預防而已。」〔註33〕王安石在文中提出什伍百
姓，有戰事時可以令其守衛，保甲法的目的和作法可見一斑。簡而言之，王
安石通過對於《周禮》的訓釋，宣告變法維新，是完全符合古代聖王治國本
意的，諸項新法如同上述，都有其淵源。

〔註33〕程元敏《三經新義輯考匯評三・周禮上》（台北・國立編譯館，民國 76 年 12
　　　　月），頁 78～79。

第四節　王安石《周官新義》對宋代周禮學的影響

　　清人錢基博於《經學通志》談到宋代周禮學的演變時論及:「自唐之孔穎達、賈公彥疏與鄭注以成三禮正義,而禮學久定一宗,故宋儒好創新解,顧相違異,而始作之俑者,當推臨川王安石介甫。賈公彥以前,說周禮者明典制,王安石而後說周禮者闡義理」。〔註34〕錢基博的這段話,論及唐宋之際周禮學的分水嶺,王安石是當中過渡的一個重要人物,他道出了「賈公彥以前,說周禮者明典制」,而王安石《周官新義》頒佈天下,後來作周禮者「說周禮者闡義理」的經學現象,從他的這段話可以看出王安石在宋代周禮學所扮演的角色。

一、宋人重視周禮之成因

　　《周禮》一經原名周官,書分天、地、春、夏、秋、冬六篇,西漢成帝時劉歆認為此書乃周公致太平之跡,故奏請立《周官》六篇於學官,自此《周官》改稱為《周禮》。然而《周禮》一書歷來就是一部有爭議的書,西漢末年的劉歆和東漢末年的鄭玄都認為《周禮》是周公太平之書。漢朝有關於《周禮》一經爭議,可以說是兩派各持己見的情形,漢儒鄭玄認為《周禮》一經乃周公致太平之書,他對《周禮》有極高的評價:「斯道也,文武所以綱紀周國,君臨天下,周公定之,致隆平龍鳳之瑞」。而唐代的賈公彥也同意鄭玄的說法:「唯有鄭玄遍覽群經,知《周禮》者乃周公致太平之跡,故能荅林碩之論難,使《周禮》義得條通。」〔註35〕因此鄭玄、賈公彥都認為《周禮》一經乃周公治國的良方之書。而漢時另有一派為張禹、包咸、何休等人,他們認為《周禮》是劉歆所偽作,故斥《周禮》為:「末世瀆亂不驗之書」。唐高宗時太學博士賈公彥,據晉代陳邵《周官禮異同評》、梁代沈重《周官禮義疏》撰《周禮注疏》四十二卷,賈公彥發揮鄭玄之學,集南北朝大成,並立於學官,使《周禮注疏》成為唐代周禮學的定本。

　　周禮學發展至宋代有了些改變,觀諸於史籍,南宋理宗時王與之寫了一部《周禮訂義》,書中引用前人之說共五十一家,其中引唐以前之說的只有杜

〔註34〕清·錢基博《經學通志》周禮下,頁19。
〔註35〕唐·賈公彥〈序周禮興廢〉《周禮注疏》:「周禮起於成帝劉歆,而成於鄭玄,附離者大半,故林孝存以為武帝之周官末世瀆亂不驗之書,故作十論七難以排棄之。何休亦以為六國陰謀之書,唯有鄭玄遍覽群經,知周禮者,乃周公致太平之跡,故能荅林碩之論難,使《周禮》義得條通。」對於鄭玄在周禮上的貢獻,賈公彥則相當的推崇。

子春、鄭興、鄭眾、鄭玄、崔靈恩、賈公彥六家，其他四十五家全爲宋人，可知宋人研究周禮者眾。而從目錄上考察《宋史藝文志》載宋代周禮的著作有二十四部，〔註36〕由此可知研究《周禮》在宋代算是一門顯學。探究宋儒對於《周禮》之研究與興趣，遠勝於前代的原因，今人錢穆所謂：

> 兩漢教育，重在經籍，偏重在書本上。博士講經，僅知章句家法，古文學興於民間，亦只偏重訓詁字義，東漢儒學之衰在此。依當時人語，而是有經師而無人師。此一趨勢，直到北宋，纔見扭轉，於是乃始有新經學之曙光。其時所注意者，要在《易》、《春秋》兩經。除卻《易》、《春秋》之外，他們又注意到〈洪範〉與《周官》。胡瑗有《洪範口義》，發明天人合一之旨。又詳引《周官》法以推演八政，乃由社會人事轉入政治制度。石介亦云，《周禮》《春秋》萬世之大典，《周禮》明王制，《春秋》明王道，執兩大典以興堯舜三代之法，如運諸掌。〔註37〕

錢穆從歷史演變的角度，說明宋朝因改朝換代，在政治上強調名分，有利君王中央集權的《春秋》和《周禮》二部經典因此被宋儒所重視和討論。因此據錢穆所言，《周禮》發展至宋代因政治之需求而轉入制度層面的探討。除了政治上的因素之外，王安石變法引用《周禮》也使得宋儒議論周禮者大增。《四庫總目提要》卷十九〈周禮注疏〉條下：「宋儒講周禮者恆多，又鑑於熙寧之新法，故橫牽引末伐弊政。支離詰駁，於注疏多所攻擊，議論盛而經義反淆」，對於宋代周禮學興盛的原因，四庫提要歸納其原因，王安石變法乃重要之因素之一，宋儒爲了攻擊王安石變法而留心於《周禮》之說，使宋代周禮學更爲蓬勃發展。底下以《宋史・藝文志》所載二十四部典籍爲基礎，以學術分

〔註36〕見諸於《宋史藝文志》者有二十四部：王安石《新經周禮義》二十二卷、王昭禹《周禮詳解》、楊時《周禮義辨疑》一卷、龔原《周禮圖》十卷、江與山《周禮秋官講義》一卷、夏休《周禮井田譜》二十卷、史浩《周官講義》十四卷、鄭諤《周禮解義》二十二卷、黃度《周禮說》五卷、徐煥《周官辨略》十八卷、陳博良《周禮說》一卷、徐行《周禮微言》十卷、易祓《周禮總義》三十六卷、劉彞《周禮義》十卷、胡銓《周禮傳》十二卷、俞庭椿《周禮復古編》三卷、林椅《周禮綱目》八卷、鄭景炎《周禮開方圖》說一卷、鄭伯謙《太平經國書統集》七卷、《周禮類例義斷》二卷、項安世《周禮丘乘圖說》一卷、魏了翁《周禮折衷》二卷及《周禮要義》三十卷、王與之《周禮訂義》八十卷。
〔註37〕錢穆《中國學術思想史論叢》第五冊，〈初期宋學〉（台北，東大圖書公司，80 年 8 月版），頁 2～3。

類的方式，試圖來談宋代周禮學分類與不同的學術主張。

二、三種學術派別的成形

（一）賦予新義一派

宋代周禮學較漢唐更爲發達的原因，除了上述歷史與政治之因素外，我們探究其學術上的原因，追溯其源頭可以從唐說起。如前所述，唐代周禮學可以說是呈顯出禮學定於一尊的現象，唐太宗時撰修《五經正義》，將賈公彥所注的《周禮注疏》立於學官成爲科舉考試的用書，自此後人皆不敢逾越鄭玄、賈公彥之注疏。唐代周禮學定於一尊的現象，到了北宋的歐陽修有了一些轉變，歐陽修是北宋第一個對《周禮》提出懷疑的人，他針對唐代的章句訓詁之學有其弊病而寫了〈論刪去九經正義中讖緯箚子〉，對於《周禮》一書的看法，歐陽修則認爲周公與《周禮》的關係仍有商議的空間，而有關於歐陽修對於《周禮》一書的懷疑，前面章節已討論過，可參見之。。

王安石撰有《周官新義》二十二卷，《宋史·王安石本傳》對於此書有如下的評價：「初安石訓釋詩、書、周禮既成，頒於學官，天下號曰新義……學者無敢不傳習，主司純用以取士，莫得自名一說，先儒傳注，一切廢而不用。黜春秋之書，不使列於學官，至戲目爲斷爛朝報。」《宋史》載王安石的新經義的特色爲「先儒傳注，一切廢而不用」，而王安石本身的態度是如何呢？底下有兩條材料，可以觀察王安石在經義上的態度：

〈乞改科條制箚子〉：

> 今欲追復古制，以革其弊，則患於無漸，宜先除去聲病對偶之文，使學者得以專意經義，以俟朝廷興建學校，然後講求三代所以教育選舉之法，施於天下，庶幾可復古矣。〔註38〕

〈除左僕射謝表〉：

> 竊以經術造士，實始盛王之時，僞說誣民是爲衰世之俗。然孔氏以羈臣而興未喪之文，孟子以游士而承既沒之聖，異端雖作，精義尚存，逮更煨燼之災，遂失源流之正，章句之文勝質，傳注之博溺心，此淫辭詖行之所由昌，而妙道至言之所爲隱。〔註39〕

王安石如同歐陽修對於漢儒的章句訓詁之學相當反感，他認爲孔子所傳下來

〔註38〕《王安石文集》卷四，〈乞改科條制箚子〉，頁37。
〔註39〕《王安石文集》卷九，〈除左僕射謝表〉，頁80。

的典籍，自秦火以後，源流失其正，而漢儒的章句訓詁繁瑣而陷溺人心，典籍之義理因此而淹沒其間。因此就科舉制度的改革來說，他主張「宜先除去聲病對偶之文，使學者得以專意經義」也就是不採用漢唐的章句訓詁之學，欲以經義之闡發爲改革的方向。《續資治通鑑長編》載神宗熙寧四年（西元 1071年）二月丁丑，王安石上奏請更定貢舉之制：

> 古之取士，皆本於學校，故道德一於上，習俗成於下，其人才皆足以有爲於世。自先王之澤竭，教養之法無所本，士雖有美才而無學校師友以成就之，此議者之所患也。今欲追復古制以革其弊，則患於無漸。宜先除去聲病偶對之文，使學者得以專意經義。……今定貢舉新制，進士罷詩賦、帖經、墨義，各占治《詩》、《書》、《易》、《周禮》、《禮記》一經，兼以《論語》、《孟子》。每試四場，初本經，次兼經並大義十道，務通義理，不必盡用注疏。〔註40〕

王安石所著的《周官新義》一書在序文裡說道：

> 士弊於俗學久矣，聖上閔焉，以經術造之，乃集儒臣訓釋厥旨，將播之學校，而臣某實董周官，惟道之在政事，其貴賤有位，其後先有序其多寡有數，其遲數有時，制而用之存乎法，推而行之存乎人。其人足以任官，其官足以行法，莫盛乎成周之時。其法可施行於後世，其文有見於載籍，莫具乎《周官》之書……莫自周之衰，以至於今，歷歲千數百矣，太平之遺跡，掃蕩幾盡，學者之所見，無復全經，於是時也，乃欲訓而發之。

就王安石〈周禮義序〉的說法來看，他認爲從漢朝至宋朝《周禮》一經弊於注疏俗學，使得「學者之所見，無復全經」，然而《周禮》自古以來爲歷朝治國之大典，國家官制設官分職之書，其重要性不言可喻。然而《周禮》經文義理若不能明，則國家制度綱紀則將混亂焉，爲此王安石奉旨訓而發之，重新詮釋《周禮》之經文。由此我們可以觀諸王安石對於《周禮》一經的態度，亦是站在不取先儒之傳注的方式，而是希望回歸原典就《周禮》本身的經文訓釋闡發其中之微言大義。

　　王安石賦予《周禮》新義的方式，除了上述所謂務棄先儒章句訓詁的解經方式之外，最重要的問題在於王安石將變法理財富國強兵的思想融入於《周禮》經文中。宋神宗熙寧五年（西元 1072 年）王安石於〈上五事箚子〉中曰：「陛

〔註40〕《續資治通鑑長編》，卷二百二十，熙寧四年二月丁巳條。

下即位五年，更張改造者數千百事，就其多而求其法最大，其效最晚，其議論最多者，一曰和戎，二曰青苗、三曰免役、四曰保甲、五曰市易。」上述五事之中，除和戎一法外，可知王安石變法諸項政策與制度立論基礎皆源於《周禮》。我們考諸於史料，在《宋元學案‧荊公新學略》中提到王安石所著的《三經新義》與變法的關係：「至議變法，在廷交執不可，先生傳經義出己意，辯論輒數百言，眾皆不能詘。」從《宋元學案》的記載可得知王安石所重新詮釋的新經義，成為他變法後期與舊黨諸儒論辯的依據。

因此宋代周禮學之中所謂的「賦予新義」一派，即是由王安石所創，其注周禮的方式，乃完全拋棄漢儒詮解經典的方式，直接從《周禮》之經文入手，重在義理的詮釋上，並且將自己的政治的主張灌注於《周禮》中，而賦予周禮新的意義。我們就宋代周禮學的發展來看，這可是前所未聞的一種解經方式，因此宋代周禮學的第一種學術派別，即是由北宋的王安石所開的「賦予新義」一派。

王安石不採先儒傳注，並將理財的理念灌注於周禮之中，而創造出宋代周禮學中「賦予新義」的學術一派，引起諸多宋代周禮學者的攻擊：葉時《禮經會元》：「蓋自周衰，道之不行久矣，金陵王氏以儒學相熙寧，而嘗用一《周禮》，奈何新經行而僻學興，新法立而私意勝，末流之弊，罪有浮於漢儒者。〔註41〕謂《周禮》一書，理財居其半。」此外，如陳汲《周禮辨疑》：「熙寧間置市易務，且謂成周之市法，內帑出錢數百萬以為本，市易司遣人於嶺南諸處市貨以壓富商之利，原其意，為利耳，豈泉府之法哉。」〔註42〕陳傅良的《周禮說》：「王荊公嘗謂周禮一書，理財居其半，自有周禮以來，劉歆輔王莽專為理財，至熙寧荊公專為理財，所以先儒多疑於周禮。」〔註43〕葉時的《禮經會元》：「當熙寧之大臣，慕周公之理財，為市易司以奪商賈之贏，分天下以債而取其什二之息。曰此周公泉府之法也。天下之為君子者，又從而爭之，此非周公之疑法也，周公不為利也。」〔註44〕

〔註41〕請參見葉時《禮經會元》卷一上〈禮經〉，頁4（商務印書館景印文淵閣四庫全書本，經部86，禮類，頁92～4）。

〔註42〕請參見王與之《周禮訂義》卷二十四，〈泉府下〉，頁18（商務印書館景印文淵閣四庫全書本，經部87，禮類，頁93～403）。

〔註43〕請參見王與之《周禮訂義》卷二十四，〈總說〉，頁7（商務印書館景印文淵閣四庫全書本，經部87，禮類，頁93～397）。

〔註44〕葉時《禮經會元》卷三上，〈市治〉，頁25（商務印書館景印文淵閣四庫全書本，經部86，禮類，頁92～1095）。

從上述攻伐王安石周禮學說的言論，在宋代隨處可見。〔註45〕由此可見，王安石「賦予新義」學說已然形成一個新的學術派別。

（二）守家法一派

宋代第二種異於前代的周禮學學術主張爲「守家法」一派，可以說與王安石「賦與新義」的派別遙遙相對。所謂的「守家法」一派，就是在不改動周禮經文的條件之下，權衡章句注疏的得失，並且參照歷代學者的說法，加以批判或取捨，而務求《周禮》的經文能得到正確的解釋。

首開先例的爲宋代的易袚著有《周官總義》三十卷，他注周禮乃在不改動周禮經文的條件之下，權衡考證前儒注解之得失。舉例言之，《周禮・天官・酒正》下謂：「掌酒之政令，以式法授酒材」鄭注云：「式法，作酒之法式，作酒既有米麴之數，又有功沽之巧，月令曰：乃命大酉，秫稻必齊，麴蘗必時，湛饎必潔，必泉必香，火齊必得，鄭司農云：授酒人以其才。」

易袚於《周官總義》下又云：「酒之政令，則酒正一職所掌者皆是也。鄭氏以式法爲作酒之式法，且引月令所謂秫稻必齊，麴蘗必時，湛饎必潔，水泉必香，火齊必得，以爲此經之證。然月令所陳，不過酒才而已，以爲作酒之法式，則非矣。」〔註46〕我們就酒正一官的詮釋來看，易袚從考證鄭玄的注疏之得失入手，致力於探究周禮的義理，以明聖人之經旨。

跟隨此一說法的學者，如陳傅良著有《周禮說》一卷，他在其序言〈進周禮說序〉中論及：「緣詩書之義，以求文武周公成康之心，考其行事尙多見於周禮一書，而傳者失之，見謂非古，彼二鄭諸儒崎嶇章句，窺測皆薄物細故，而建官分職，關於盛衰，二三大指，悉晦弗者後學承誤，轉失其眞，漢魏而下，號爲興王，頗採周禮，亦無過輿服官名緣飾淺事，而王道缺焉盡廢。蓋周衰千載，而詩書之義，於是在焉，豈不盛哉。王道至於周備矣，文、武、周公、成、康之心，考其行事，尙多見於周禮一書。熙寧用事之臣，經術桀駁，故以周禮一書理財居半之說，授富強之術，凡開國立基之道，戕喪殆盡，而天下日益多故。迄於靖康，社稷邱墟，生民塗炭。老生宿儒，發憤推咎，以是爲用周禮之禍，抵排不餘力。幸以進士舉猶列於學官，至論王道不行，

〔註45〕其他有關於宋儒批評王安石《周官新義》的言論，可以參見程元敏《三經新義輯考匯評三，周禮》的〈周官新義總評〉，頁619。
〔註46〕陳傅良《止齋集》卷四十，〈進周禮說序〉，頁3（商務印書館景印文淵閣四庫全書本，集部89，別集類，頁1150～811）。

古不可復，則以熙寧嘗試之效藉口，則論述誠不得已。故有格君心，正朝綱，均國勢說各四篇，而為之序如此」。〔註47〕陳傅良他認為三代聖人之功業，可以從《周禮》經文中窺知其大概，因此他相當尊重《周禮》經典之權威性，但是他對於漢儒的章句訓詁，頗有微詞。因此他主張在不改動周禮經文的方式之下，權衡考訂前儒注疏之得失，以明周禮之經旨。

而「守家法」一派另有主張傳統逐句詮釋，大抵根據注疏的解經方式，此一說法來自朱申的《周禮句解》十二卷，據《四庫全書總目提要》之說：「逐句詮釋，大抵根據注疏，義取簡約。其中所見，有與注疏異者，若太宰之職，五曰貢賦，鄭注曰：賦，口率而出泉者，貢，功也，九職之功所稅也。是書則易之曰，賦，稅也。貢，獻也。有力主注疏而曲為引證者。」〔註48〕

從上文可以推知，朱申主張逐句詮釋周禮經文，以不超越注疏的方式闡發經義。由於其注疏方式屬於傳統漢儒的解經方式，因此這裡將他歸入「守家法」一派的周禮派別之中。

（三）冬官不亡論一派

宋代的周禮學除了上述的二種學術派別外，宋代第三種異於前代的學術觀念為「冬官不亡」一派。所謂「冬官不亡」一派，即指站在批判漢儒所謂冬官亡闕之論調上，試圖考索冬官之來源與經文的原貌，以復原古周禮經文原來的意義，為宋代周禮學第三種學術派別。我們考察於周禮的源流，漢時於河間獻王上《周禮》一書時，即闕冬官一篇，而以考工記補之闕。因此周禮缺冬官一事從漢代起，冬官已經亡佚之說法世人皆堅信不疑，一直到了宋代開始有人懷疑漢儒所謂冬官已經亡佚說法，而此說肇於北宋的胡五峰：

> 周官，司徒掌邦教，敷五典者也，司空，掌邦土，居四民者也。世
> 傳周禮缺冬官，愚考其書而質其事，則冬官未嘗闕也，乃劉歆顛迷，
> 妄以冬官事屬地官。其大綱已失亂如是，又可信以為輕，與易、詩、
> 書春秋配乎。〔註49〕

世皆傳《周禮》缺冬官，胡五峰則懷疑可能是漢劉歆誤將冬官放置於地官之

〔註47〕陳傅良《止齋集》卷四十，〈進周禮說序〉（台北・商務印書館，民國72年版）。

〔註48〕胡宏《五峰集》卷四，皇王大紀論〈極論周禮〉，頁44（商務印書館景印文淵閣四庫全書本，集部76，別集類，頁1137～209）。

〔註49〕《五峰集》卷四，皇王大紀論〈極論周禮〉。

中，他提出漢以來所謂冬官已經亡佚說法是可以有討論的空間，而且他認為冬官就可能藏於地官之中。胡五峰開啟宋人懷疑《周禮》冬官是否亡闕的討論，此後宋儒主張冬官不亡的言論四起，如宋人趙衛彥亦云：「周官其屬六十，今有不只六十者，蓋冬官之屬，雜於五官之中，如染人等是也，已是知冬官亦非全闕。」〔註50〕此外王與之亦主其說：「周禮冬官不亡，散在諸官之中，而地官尤多，自編帙散亂，俗儒補佚，不得其說，不識周禮所謂天官地官者何如，遂以田野諸職並附地官。」〔註51〕王與之以「俗儒補佚，不識周禮。」之言論，提出冬官可能散見於周禮其它諸官之中。

　　索之於文獻，南宋的俞庭椿撰《周禮復古編》更進一步系統化冬官沒有亡佚言論：

> 六經厄秦，至漢稍稍得復，而多出於儒者記誦傳授之學，不能無偽誤。既成篇帙，相傳至今，世儒信其師承之或有所自也，無或疑義遂，使聖經之舊，泯焉不可復見。周禮一經，皆周之舊典禮經。然方諸侯惡其害己，而去班爵祿之籍，況一燔於灰燼，而僅僅出於口傳追記之餘，安能盡復其故耶……司空之篇為逸書，漢人以考工記附益之，相傳之久，習以為然，雖有鉅儒碩學，不復致思研慮，後世遂以考工之事為六官之一，司空所掌，日漸偽誤，併與其官廢，蓋嘗紬釋是書，伏而讀之，司空之篇實未嘗盡亡也。六官之屬，誠有顛錯雜亂，而未盡正者。編次而辨正之，庶幾西周之盛可尋，而六官之掌各得其所。復其舊而摘其偽，使萬恨遺逸而不可考者，一旦稍復其故，則亦於聖經萬一有補焉……然則司空之篇其不亡矣夫。〔註52〕

俞庭椿提出宋代所見之周禮乃是「一燔於灰燼，僅僅出口傳追記之餘」，可以說並非周禮本來的面貌，而冬官一篇其實未嘗亡佚，只是漢人以〈考工記〉附記在《周禮》書後，相傳已久，而世人皆不疑，然今欲復古周禮之原貌，宜辨正六官之屬，復原冬官之原貌，剔除漢人所附益的考工記，使六官之掌各得其所。俞庭椿更提出恢復冬官之實際作法：

> 周建官三百六十，未聞有溢員也。小宰以官府之六屬舉邦治，皆曰

〔註50〕趙衛彥之語請參見，《麓雲漫鈔》卷五。

〔註51〕王與之《周禮訂義》卷七十，〈冬官考工記上〉，頁2（商務印書館景印文淵閣四庫全書本，經部88，禮類，頁94～379）。

〔註52〕俞庭椿《周禮復古編》，〈司空〉，頁10（商務印書館景印文淵閣四庫全書本，經部85，禮類，頁91～609）。

其屬六十，大事則從其長，小事則專達，則六十之外，皆羨也。周禮得於秦火之後，官宜少不宜羨。今五官之羨者四十有二，而其六十員之外，又未必盡其官屬，乃司空之屬具亡。今取其羨，與其不宜屬者而考之，蓋司空之篇可得而考焉，今天官之羨有九，地官之羨者十有六，春官之羨者九，夏官之羨者九，秋官之羨者五，從其羨而求之，冬官皆不亡矣。〔註53〕

俞庭椿認爲以冬官既然分寄於五官之中，然而「五官所屬，皆六十，不得有羨。」即可根據「五官之屬不宜有羨」的原則，將五官中超過六十之部分，重新編次取其與司空職掌相近者，補入冬官，即可恢復周禮冬官之原貌。自俞庭椿的說法一出，宋代周禮冬官不亡一派儼然成形。王與之《周禮訂義》亦主其說：「愚按漢儒謂冬官亡，補以考工記，司空果亡乎？以周官司空之掌考之，司空未嘗可以亡也。……意者秦火之餘，簡編脫落，司空之屬錯雜五官之中，先儒莫之能辨，遂以考工記補之，其實冬官一官未嘗亡也。」〔註54〕葉時的《禮經會元》〔註55〕也贊同俞庭椿冬官不亡之說。

對於俞庭椿的冬官不亡之說，《四庫全書總目》的評價乃是帶有貶意的，謂其竄亂聖人之經：

庭椿之說，謂五官所屬皆六十，不得有羨，其羨者皆取以補冬官，鑿空臆斷，其謬妄殆不足辨。又謂天官世婦與春官世婦、夏官環人與秋官環人，爲一官複出，當省並之。其說似巧，而其謬尤甚。……然復古之說，始於庭椿，厥後邱葵、吳澄皆襲其謬，說周禮者，遂有冬官不亡一派。分門別戶，輾轉蔓延，其弊至明末而未已。〔註56〕

總目批評俞庭椿之說「其說似巧，而其謬尤甚」，但是俞庭椿之說的影響卻異常深遠，明清學者皆有宗其說者，因此俞庭椿以爲《周禮》非古本，而倡復

〔註53〕俞庭椿《周禮復古編》，〈五官之屬不宜有羨〉，頁12（商務印書館景印文淵閣四庫全書本，經部85，禮類，頁91～610）。

〔註54〕王與之《周禮訂義》卷七十，亦主冬官不亡之論：「愚按漢儒謂冬官亡，補以考工記。司空果亡乎？以周官司空之掌考之，司空未嘗可以亡也……意者秦火之餘，簡編脫落，司空之屬錯雜於五官之中，先儒莫之能辨，遂以考工記補之，其實冬官一官未嘗亡也。」參見〈冬官考工記上〉，頁2（商務印書館景印文淵閣四庫全書本，經部88，禮類，頁94～379）。

〔註55〕《四庫總目，經部，禮類》《禮經會元》案語下：「謂冬官散見五官，亦俞庭椿之瑣說。」

〔註56〕《四庫全書總目提要》卷十九，俞庭椿《周禮復古編》。

原古周禮之說，因此就宋代周禮學的發展而言，「冬官不亡」一派遂成第三種周禮之學術派別。

宋代的周禮學除了可以分作上述三種學術派別之外，宋代另有一些周禮學的著作是以資料整理爲主，並不涉及學術觀念的，如夏休《周禮井田譜》二十卷、王洙《周禮禮器圖》、項安世的《周禮丘乘圖說》一卷、鄭景炎的《周禮開方圖說》，此詳明周禮制度之書，上述這幾部書目無法納入上述三個學術系統之中，應另立類統整之。此外，就《宋史・藝文志》所載錄的文獻來看，宋代的周禮學中，尊從與反對王安石《周官新義》的聲音一直存在，舉例來說：

1. 尊王安石新經義者，有如下四家

（一）黃裳《周禮講義》六卷，「蓋沿安石新經之義，以闡明經旨爲主。」他在〈講周禮序〉：「方今聖人立政造事，追復成周之法，五經之文，使得先生巨儒訓而發之，分佈儒林官，造成多士。五經之教，固有先後次序，緩急之勢，則周官之書，豈可緩哉？聖人以道寓之法，法之中微妙存焉，後世俗學止於區區之誦數，溺其才識，則此書以陰謀見待於或者，何其不幸。」論及王安石重新詮釋《周官新義》，其回復周朝典章制度的作法，是站在支持的立場之上的。

（二）龔原《周禮圖》宋志作十卷，今其書不傳。據《宋元學案》卷九十八所載：「先生力學，以經術尊敬介甫。」清甘雲鵬《經學源流考》卷四言：「王安石新經周禮義出……自後宗之者，如王昭禹詳解，林之奇、黃裳講義、某氏集說，皆沿其義。龔原至因之，捨春秋而好周禮。」〔註57〕

（三）王昭禹《周禮詳解》一書，《四庫總目提要》云：「其學皆宗王氏新說……其穿鑿附會，皆尊王氏字說。」〔註58〕全祖望於〈周禮詳解跋〉中提到其王昭禹尊安石之因：「荊公三經，當時以之取士，……得見荊公以字說解經之略。」

（四）林之奇《周禮全解》下：「之奇自少穎，有全解，祖荊公、昭禹之說」。

2.宋代反對王安石《周官新義》的著作有二家

如楊時《周禮義辨疑》，宋志作一卷：「考其書蓋攻王安石之作。」王居正《周禮辨學》五卷，《宋元學案》卷二十五，龜山學案下載：「先生自少攻

〔註57〕請參見甘雲鵬《經學源流考》，頁130（台北，維新書局，民國72年元月2版）。

〔註58〕《四庫全書總目提要》經部，禮類一，《周禮詳解》條下，頁109。

新經」。

綜合以上所述，我們看出王安石的《周官新義》對於宋代周禮學的影響，如《四庫全書總目提要》於經部禮類，《周官新義》條下所言：「今觀此書，惟訓詁多用《字說》，病其牽合，其餘依經詮義，如所解八則之治都鄙，八統之馭萬民，九兩之繫邦國者，皆具有發明，無所謂舞文害道之處。故王昭禹、林之奇、王與之、陳友仁等注《周禮》，頗據其說。」四庫此說評價王安石《周官新義》在經文義理上的多所發明，歷來所謂舞文害道的評價，時有過甚。

第五節　小　結

綜上所述，從變法之時代背景的考察，對於王安石《周官新義》成書的原因，我們可以歸結以下兩點看法：

一、從王安石與司馬光等諸儒對於《周禮》的詮釋方向來看：一、就王安石立場來看，原屬於儒家治國官制的《周禮》，由於科舉制度衍生的流弊，再加上漢以來章句與傳注之學的影響，可以說不復見經典之義理，因此藉由託古之名，重新以己意詮釋《周禮》的經文。二、王安石變法時期司馬光等舊黨諸儒，以「征利」之說詆毀安石，如司馬光在〈與王介甫第三書〉中云：「先王之善政多矣，顧以此獨爲先務乎，今之散青苗錢者，無問民之貧富，願與不願，強抑與之歲收其什四之息，謂之不征利，光不信也。」而爲了推行富國理財之新法，託周公之名，重新詮釋《周禮》一書，揭明其「理財居其半」之義，主要乃用他來駁斥舊黨諸儒有關於儒家義利之說的攻擊，並且強調自己在儒學傳統上的合法性。三、就司馬光等人所持的立場來說，王安石引周公之遺法，《周禮》一書作爲各項新法變革的依據，在他們看來王安石無非是在掩飾新法「征利」的事實而已。由於北宋疑經風氣的盛行，有關於《周禮》的作者是否爲周公，以及眞僞的問題仍未有一定論。然而王安石變亂祖宗法度，說《周禮》爲理財居其半之書，使他們更加認定，《周禮》乃是劉歆僞作輔佐王莽求利，禍亂天下之書。

二、我們還原到《周官新義》成書的時代背景來看，從王安石與司馬光對儒家典籍《周禮》一書的詮釋方向來看，對於《周禮》一書的爭議，並非僅止於討論施用於新法政策制度面適不適用的問題，而是兩者對於《周禮》一書，存有著學術觀念上認知的差距。王安石因變法而詮釋《周禮》爲「理

財居其半」之書。司馬光等舊黨諸儒因王安石變法而詆毀《周禮》是一本僞書，乃劉歆所僞作，並稱其爲漢末王莽求利貸錢之書。準此觀點看來，原屬於儒家設官分職之制度典籍《周禮》，因王安石與司馬光等人的黨爭而被詮釋爲二種不同思想的面貌來看，可以說是兩者爲了爭奪儒家典籍的詮釋權而有如此二種截然不同的答案。

第五章　結　論

　　綜合本文各章節的論述，要準卻的掌握王安石對於典籍的詮釋與應用，我們無法迴避一個重要問題，即變法與黨爭的關連，是探索王安石典籍文獻學術發展誘因，參照的一個基準點。因此，在上述章節的觀念與架構的討論中，底下歸納本論文所得之結論：

一、王安石對於典籍的詮釋與應用，肇因於新舊黨爭而起的儒家學術正統詮釋權之爭。

　　北宋熙寧時期，王安石輔佐神宗變法維新，並且全面重新詮釋傳統儒家的經典，如《周官新義》《尚書新義》《詩經新義》等書，立於學官，成為北宋科舉考試用書，考其學術之成因，乃肇因於變法時期王安石與司馬光等人在黨爭過程中，有關於儒家學術正統權釋權之爭而起：

　　（一）從熙寧元年開始至元豐八年，長達十八年的時間，王安石所推行的各項新法的改革理念，無不遭遇守舊派司馬光等人的強烈質疑與詆毀，我們經由文獻資料的比對上，羅列王安石與司馬光等人變法時期相關的言論之後，並嘗試比對之後（請參見附錄一，新舊黨人學術觀念對照表），可以發現兩派有關於新法的意見，不單純只是在爭論變法的各項制度與政策適不適用的問題，而是王安石與司馬光等諸儒，在新法政策爭執的背後，可以說各自有其一套意識形態的信仰存在。如王安石在〈答司馬諫議書〉所提到的「議事每不合，所操之術多異故也。」王安石認為司馬光等人反對變法的目的乃「意不在於法也」。在王安石與司馬光等諸儒往來的言論當中，值得注意的是，兩者皆推崇三代先王之治，儒家的孔孟之道，但是卻相互攻伐與詆毀，其肇因由於兩派皆以儒學的正統自居，各自站在自己的立場上指責對方學說為異端。

（二）在本文第二章，有關祖宗之法觀念的討論，王安石提出「祖宗之法不足守」與「爲政在變法」這種徹底改變風俗、立法度的主張。在王安石看來，乃儒家治國思想實際化落實的一種方式。但對於司馬光等人而言，則完全不採信王安石之說，認爲變風俗立法度的主張是儒家治國思想的落實，而認爲王安石變革祖宗制度，乃是法家管商思想的反映。

另外，在義利與王霸的問題上，司馬光等人仍舊主張宋代開國以來，傳統儒家以德治國的理念，也就是說，他們堅持主張以道德爲根本的治國方針。然而，王安石對於司馬光等人，以傳統儒家道德治國的理念並不表贊同，而主張走儒家外王的路線，即以富國理財爲根本的政治理念，因此他主張變法。例如，在義利的問題上，司馬光等人批判王安石變法是爲了求利，因爲就司馬光等人的立場來看，按孔子言：「君子喻於義，小人喻於利」，應以陳德義，興禮樂，重義輕利爲施政之準則才是，因此批評王安石重利輕義。然而就王安石的立場來看，它卻解釋說變法並非爲的是「征利」，相反的新法各項政策目的所求的正是爲了求義，他將孟子義利之說重新詮釋，而提出「以義理財」之說，主張爲國家政事理財而求利，就是孟子所謂公義的一種表現，用以反駁司馬光等人所言的新法「征利」之說。換句話說，王安石與司馬光等人，對於儒家的義利觀念有著不同的詮釋，因而產生兩派之間相互的爭執與論辯。因此，從王安石與司馬光兩者對於變法相關議題的論辯來看，可以說是儒學正統思想的本位之爭。

（三）王安石與司馬光等諸儒關於熙寧變法的爭議，其實是一個儒家學術正統詮釋權之爭的問題。

經由本文的論述，王安石與司馬光諸儒觀念的不同，並非如前輩學者的研究（參見第二章第一節的論述），單純的只是新法政策制度上的意氣之爭。在於新法政策制度背後兩黨學術思想的差異，而兩黨皆自許爲儒學之正統。而王安石變法之成敗攸關於北宋的儒學的傳統能不能維護的問題，這樣看來，司馬光等諸儒，以儒家德治主義的觀點，批評王安石變法不行王道，而走法家霸道的路線，正是爲了維護儒家學術的正統而起。準此觀點來看，王安石變法所引起的黨爭乃是一個儒家學術正統之爭的問題。

（四）王安石爲了彌平反對變法者的批評，進而重新詮解儒家的典籍。

全祖望於《宋元學案·荊公新學略》曰：「至議變法，在廷交執不可，先生（王安石）傳經義出己意，辯論輒數百言，皆眾不能詘。」指出王安石在

變法期間，曾與諸儒辯論新法。神宗熙寧八年（西元 1075 年），著成三經新義，進一步將其變法的思想灌注於其中。晁公武《郡齋讀書志》於新經周禮義條下解說道：「新經周禮義二十二卷……介甫以其書理財者居半愛之，如行青苗之類皆稽焉，所以自釋其意者，蓋以其新法盡傳著之，務塞異議者之口。後其黨蔡卞、蔡京紹述介甫，期盡行之，圜土、方田皆是也。」晁公武以《周官新義》為例，說明王安石對於典籍的詮釋，其目的在於「務塞異議者之口」。綜合以上所說，我們還原到北宋當時變法的脈絡底下，從典籍文獻成書的時代背景因素來考察，可以得知，王安石對於典籍的詮釋與應用，就學術上而言，乃肇因於變法而起的學術正統之爭而來的。

二、歷來對於王安石思想的定位，有儒家與法家二種不同的主張。

經由本文在第二章的討論，王安石的學術思想形態，可以說其本質上屬於儒家外王的思想形態，其變法的主張與政策落實上有著變儒為法的味道。

我們從論文第二章，儒家義利與王霸與觀念考察其學術思想形態，在義利問題上，王安石在〈答曾公立書〉中所言：「孟子所言利者，為利吾國利吾身耳。至狗彘食人食則檢之，野有餓莩則發之，是所謂政事。政事所以理財，理財乃所謂義也。」王安石對於義利的詮釋，仍然是循著孟子義利的看法，言以義理財，謀求天下人之大利。另外，就王霸的問題來說，王安石對於儒家的王道理解，認同孔子所言「既庶矣富之，既富矣教之」，他認為先富而後教，正是儒家王道觀念所秉持的精神。從這樣的角度來觀察，相對於傳統儒家王道以仁義、德行為先的治國主張，王安石可以說是一位傳統儒家思想的改革者，其思想的本質屬於儒家外王的富國強兵的思想。

然而王安石在變法的主張上有著變儒為法的傾向，在新法政策的落實上來看，王安石主張「變風俗、立法度」、「變更祖宗之法」。如神宗熙寧四年王安石與文彥博因保甲法而爭辯，彥博又云，「祖宗法制具在，不須更張以失人心。」而安石回應曰：「法制具在，則財用宜足，中國宜彊。今皆不然，未可謂之法制具在也。」王安石駁斥文彥博之說，說明變法原因，正是因為祖宗之法不夠完善所致，因此要變更募役法為保甲法，變更祖宗之法以求國富兵強。而王安石在新法政策上有變儒為法的傾向，被指責其為法家申商之術。神宗熙寧二年（西元 1069 年）呂晦便指出王安石：「本以周、孔之道立身攘取卿輔，及其得君，反用嚴酷申韓之法馭世」，呂晦認為王安石宣稱以儒家思想輔助君王治國，但卻以法家申韓之術推行變法。

綜上所述，王安石可以說是一位傳統儒家思想的改革者，其思想的本質屬於儒家外王富國的思想形態。然而在變法的主張，及新法政策執行的落實中有著變儒爲法的意味，此處可以看出王安石思想的博雜性。因此在中國歷史上，王安石諸多的評價當中，有人將王安石定位爲法家，如蘇東坡、章學誠等人。也有人將王安石定立爲儒家，如陸九淵、蔡上翔、梁啓超等人，就是這個緣故。

三、王安石對於儒家經典詮解方向，著重於微言大義的闡發，就北宋經學風氣而言，乃為了糾正北宋科舉制度的流弊而起。

程元敏在《三經新義輯考匯評》中，對於王安石新經義的評價爲：「宋人治經敢變漢唐舊義，創立新說，而又影響官學及私家著述最大者，莫於王安石的《三經新義》。」考諸於史料之後，筆者以爲，王安石對於儒家典籍的詮釋方式，不同於時人，自成一套的新解，與北宋科舉流弊有莫大的關係。例如，他批評北宋經學風氣道「今之經學，古之儒生」。其弊皆源於科舉的禁錮人心，使士太夫謹守著漢唐以來的章句之學，以求取功利祿功名。比較特別的是，王安石爲了改革這種科舉制度之弊，他主張「直求本經」闡發經文的義理去貼近聖人之微言大義，唯有摒棄章句之學的束縛，才可通達聖人經典的眞義。因此，他特別重視經典義理的發揮，從他更改科舉的條文明言：「務通義理，不必謹守注疏」可以看出其偏重義理的主張，乃爲了糾正科舉之弊而起。

四、王安石為何重新詮釋〈洪範傳〉，與熙寧變法初期天人災異之爭有關。

如本論文的第三章所述，王安石於熙寧變法之初，原屬於舊黨保守派的多位儒者，以天降災異之說來反對王安石變法。例如，熙寧二年，呂晦，以「天災屢見」，富弼也以「諸處地動災變」，熙寧三年時，范鎮言王安石新法使「天雨土，地生毛、天鳴地震」，程顥亦言新法導致「天時未順，地震連年。」王安石對於《尚書》災異的觀點與反對變法的舊黨諸儒等人有不同的看法，如他的三不足說主張中的「天變不足畏」，就是駁斥諸儒以天降災異反對變法的證據。因此，就王安石變法所引起的災異之說來看，我們從王安石與舊黨諸儒等人的說法觀察之，兩者乃是對於天降災異觀點，有著詮釋方法上的不同，而導致相互的詆毀與爭執。

　　五、就〈洪範傳〉內容來說，為了駁斥漢儒以來洪範被附會的天人災
　　　　異之說，王安石重新詮釋九疇的治國架構。

　　就〈洪範傳〉歷代的詮解來說，王安石認為從漢儒至宋開國以來，各家
的詮解，大多將〈洪範傳〉中天人之間的關係加以神秘化與災異化。他認為
聖人在制作〈洪範傳〉時並沒有這樣的意思，因此他重新制作〈洪範傳〉，重
新設計九疇的治國架構，賦予〈洪範傳〉政治上的新義。其中王安石所提出
「天人二分」「人君不畏天」的觀點，乃駁斥宋代變法諸儒天降災異的說法，
利於變法的推動。這也印證本文前言所交代的，王安石為何麼於熙寧三年，
變法衝突白熱化之際，重新刪論改寫〈洪範傳〉上呈神宗的緣由。因此，王
安石〈洪範傳〉產生的學術誘因，導因於變法有關於災異之爭而起。

　　六、就《周官新義》此一文獻發生的學術誘因，乃基於新舊黨爭期間，
　　　　「理財居其半」之說與「六國陰謀之書」的爭議而起。

　　考察《周官新義》此一文獻學術發生的誘因，我們可以從王安石與司馬
光等諸儒對於《周禮》的詮釋方向來看：一王安石變法時期司馬光等舊黨諸
儒，以「征利」之說詆毀安石，如司馬光在〈與王介甫第三書〉中云：「先王
之善政多矣，顧以此獨為先務乎，今之散青苗錢者，無問民之貧富，願與不
願，強抑與之歲收其什四之息，謂之不征利，光不信也。」就司馬光所持的
立場來說，王安石引周公之遺法，《周禮》一書作為各項新法變革的依據，在
他們看來王安石無非是在掩飾新法「征利」的事實而已，加上王安石變亂祖
宗法度，說《周禮》為理財居其半之書，使他們更加認定，《周禮》乃是劉歆
偽作輔佐王莽求利，六國陰謀之書。二、就王安石立場來看，原屬於儒家治
國官制的《周禮》，由於科舉制度衍生的流弊，再加上漢以來章句與傳注之學
的影響，可以說不復見經典之義理。而為了推行富國理財之新法，王安石以
周公之名，重新詮釋《周禮》一書，揭明其「理財居其半」之義，主要乃用
他來駁斥舊黨諸儒有關於儒家義利之說的攻擊，並且強調自己在儒學正統上
的合法性。因此，有關於《周官新義》成書的原因，乃基於「理財居其半」
之說與「六國陰謀之書」的爭議而起。

　　七、從王安石與司馬光等人，對於《周禮》一書詮釋方向來看，其爭
　　　　議的理由，不單純只是表面於新法政策制度適不適用的問題，其
　　　　背後的原因乃是儒學正統詮釋權之爭。

　　我們還原到《周官新義》成書的時代背景來看，從王安石與司馬光對儒

家典籍《周禮》一書的詮釋方向來看，對於《周禮》一書的爭議，並非僅止於討論施用於新法政策制度面適不適用的問題，王安石因變法而詮釋《周禮》爲「理財居其半」之書。而司馬光等舊黨諸儒因王安石變法而詆毀《周禮》是一本僞書，乃劉歆所僞作，並稱其爲漢末王莽求利貸錢之書。準此觀點看來，原屬於儒家設官分類之制度典籍《周禮》，因王安石與司馬光等人的相爭而被詮釋爲二種不同思想的面貌來看，可以說是兩者爲了爭奪儒家典籍的詮釋權而形成如此二種截然不同的詮釋面貌。

八、王安石的新法與《三經新義》，在宋代引發儒學正統與異端的激烈討論

中國儒學中尊崇儒學正統，排斥異端的思想，早自孟子就已經出現。《孟子·滕文公》中云：「楊墨之道不息，孔子之道不著，是邪說誣民，充塞仁義也。能言距楊墨者，聖人之徒也。」孟子這段文字，明白指出「能言距楊墨者，聖人之徒也」。蓋因爲揚墨之流，其說與孔子之道不合，是爲異端，此異端若不關除，則孔子之道不能彰顯，此種思想影響中國歷代學術的發展甚深。蓋因儒家學術的政治理想從漢代以來，皆以孔孟爲最高典範，並標榜仁義王道之治，因此與儒家仁義王道政治理念不相合者，皆被視爲異端而須加以檢討。而北宋的王安石主張變法來改革祖宗的舊制，並且以己意重新詮釋儒家典籍，即被視爲儒家傳統路線一個異端，而遭到司馬光等舊黨諸儒的反對。

熙寧二年（西元 1069 年）王安石以理財爲由初設均輸法，當時劉琦、錢顗等即上言云：「安石執政以來，專肆胸臆，輕易憲度。陛下欲致治如唐、虞，而安石操管商權詐之術，規以取媚，遂與陳升之合謀，侵三司利柄，取爲己功，開局設局，用八人分行天下，驚駭務聽，動搖人心。去年因許遵妄議案問自首之法，安石任一偏之見，改立新議以害天下。」劉琦、錢顗二人文中提出王安石以理財爲先的新法不但違反傳統儒家仁義王道的政治理念，將他視爲異端邪說，並斥爲法家管商之術的代表。熙寧三年（西元 1070 年）司馬光質疑王安石行青苗法的立意而寫了〈與王介甫第二書〉云：「《孟子》至於義利之說，至爲明白。介甫或更有它解，亦恐似用心太過也。傳曰：作法於涼，其弊猶貪，作法於貪弊將若何？……介甫所謂先王之政者，豈非泉府賒貸之事乎，竊觀其意似與今日散青苗錢之意異也，且先王之善政多矣，顧以此獨爲先務乎，今之散青苗錢者，無問民之貧富，願與不願，強抑與之歲收其什四之息，謂之不征利，光不信也。」司馬光以儒家義利觀點，指出王安

石背離儒家學術的正道，指出其青苗法「征利」的取向，不合儒家先王之善
政。熙寧三年（西元 1070 年）司馬光在上〈奏彈王安石表〉中云：「安石首
倡邪術，易生亂階，違法易常，輕革朝典。」將王安石的政治改革視爲異端。
如上所述，司馬光、劉琦、錢顗、等人的言論，他們爲了維護儒家學術之正
統而排斥爲儒學異端的王安石。北宋晚期二程的門人楊時在〈記劍州祠堂記〉
對於王安石竄亂儒家聖人的經典，說道：「熙寧更新法度，以經術造士。分析
文字，而支辭蔓說亂經矣。假六藝之文，以濟申商之術。」楊時批評王安石
新經義並非儒學正道的著作。宋呂祖謙《東萊集》卷九〈王居正行狀〉下載
宋高宗言王安石之學曰：「安石之學雜以霸道，取商殃富國強兵，今日之禍，
人徒知蔡京，王黼之罪，而不知天下之亂生於安石。」相同的，南宋時朱熹
也將王安石新學看做是儒學的異端，在〈與東萊論白鹿洞書院記〉一文：「王
氏之學正以其學不足以知道，而以老釋之所謂道者爲道，是以改之而其弊反
甚於前日耳。」從上諸例，可以看出王安石在推行新法並改寫了《三經新義》
之後，引發北宋至南宋，對於儒學學術傳統正統與異端的討論，沒有間斷過。

附錄：新舊黨人學術觀念對照表

　　本表試著推源索流，以圖表的方式將王安石與司馬光等諸儒的觀念作一對照，底下以各項新法為議題，依序年代之先後，並且對比新舊黨人言論上的不同，彙整列表如下：

　　表格制作及資料的取捨有以下幾個原則：

一、本文製表是以文獻交叉比對方式依時間先後羅列，所據的文獻有《續資治通鑑長編》、《宋史記事本末》、《宋朝事實類苑》、《皇宋通鑑長編紀事本末》、《宋史》、《宋元學案》、《王安石全集》、《王安石年譜考略》比對其年代與事件而製成。

二、本表之年代範圍，從神宗熙寧元年（西元 1068 年）王安石入朝任翰林學士起，至熙寧九年（西元 1076 年）王安石罷相判江寧府，九年之間史料為主要之依據。

三、以新舊兩黨之間有關於王安石新法的爭議，為取材的標準。

四、本表以王安石新法之中，較為重要的六項新法，如制置三司條例司、均輸法、青苗法、募役法、保甲法、市易法為論述的焦點。

表一：王安石與司馬光有關理財觀念言論，神宗熙寧元年的爭議

公元年號 中國年號	重要史事 與爭議	學術觀念的 差異現象	新舊黨人的言論
公元 1068 年 神宗熙寧元 年六月丙寅	神宗命司馬 光商討裁減 國用制度	司馬光：國用所以 不足者，在於不能 撙節用度。	《續資治通鑑長編拾補》卷三上，熙 寧元年六月丙寅條下： 司馬光：「國用所以不足者，在於用度 太奢，賞賜不節，宗室繁多，官職寵 濫，軍旅不精，此五者非愚臣一朝一 夕所能裁減。」（頁 2148）
熙寧元年 八月癸丑	河朔災傷， 國用不足， 詔學士議。 王安石與司 馬光言治國 理財意見紛 歧。	司馬光：提出義利 之別 司馬光：王安石求 利乃桑宏羊欺漢 武帝之言。(治國 理財，應以義為 主，而非以利為 主) 王安石：國用不 足，在未得善理財 之人。	《續資治通鑑長編拾補》卷三下，熙 寧元年八月癸丑條下：司馬光曰：「當 此之際，朝廷上下安可不同心協力痛 加裁損以徇一方之急，凡宣布惠澤則 宜以在下為先，撙節用度則宜以在上 為始，今欲裁損諸費不先於貴者近 者，則疏遠之人心肯甘心而無怨 乎……如此則是國家永無可省之日， 下民永無蘇息之期，必至竭涸窮極然 後止也，且君子之所向者，義也；小 人之所徇者，利也，為國者當以義。」 （頁 2154） 王安石曰：「國用不足，由未得善理之 人故也。」光曰：「善理財之人，不過 頭會箕斂以盡民財。如此則百姓困窮 流離為盜，豈國家之利邪。」安石曰： 「此非善理財者也，善理財者，不加 賦而國用饒。」光曰：「此乃桑宏羊欺 漢武帝之言，司馬遷書之以譏武帝之 不明耳。」（頁 2155）
熙寧元年 十月丙午	上問富宋民 之術	司馬光：富民之本 在得人	《續資治通鑑長編拾補》卷三下，熙 寧元年十月丙午條下： 司馬光：「方今之患在於朝廷，務其名 不務其實，求其末不求其本，凡富民 之本在得人，縣令最為親民，知縣令 能否莫若知州，欲知知州能否莫若轉 運使，陛下但能擇轉運使按知州，使 知州按縣令何憂民不富也。」（頁 2158）

表二：熙寧二年二月甲子，設制置三司條例司〔註1〕

公元年號 中國年號	重要史事 與爭議	學術觀念的 差異現象	新舊黨人的言論
公元 1069 年 熙寧二年二 月甲子	設置條例司 ，議變舊法， 以通天下之 利。 王安石上〈乞 置三司條例〉	王安石：今天 下財用困急 ，尤當先理 財，依據《周 禮》泉府之官 而設三司條 例司，統領天 下財政。	《王安石全集》卷七奏議〈乞制置三司條 例〉：「竊觀先王之法，自畿之內，賦入精 麤，以百里爲之差，而畿外邦國，各以所 有爲貢，又以經用通財之法以懋遷之，其 治市之貨財，則亡者使有，害者使除，市 之不售，貨之滯於民用則吏爲斂之以待不 時而買者，凡此非專利也。蓋聚天下之人， 不可無財，理天下之財，不可以無義，夫 以義理天下之財，則轉輸之勞逸不可以不 均，用度之多寡，不可以不通，貨賂之有 無，不可以不制，而輕重斂散之權，不可 以無術。」（頁 65）
熙寧二年 二月甲子	因設置條例 司王安石與 劉恕有所爭 議	王安石：設置 三司條例司， 如比如周朝泉 府一官，符合 先王法意。利 以和義，善用 之，乃堯舜之 道。 劉恕：主張恢 復堯舜之道， 以佐明主，但 不應以利爲先 。	《宋史記事本末》卷三十七，熙寧二年二月 二月甲子條下：王安石：「周置泉府一官， 先王所以權制兼併，均濟貧弱，變通天下之 財，後世唯桑弘羊、劉晏合此意。學者不能 推明先王法意，更以爲人主不當與民爭利。 今欲理財當修泉府之法，以收利權，故置條 例司，以講求理財之術焉。」（頁 327）。 王安石與劉恕友善，欲引置三司條例，恕 曰：「天子方屬公以大政，宜恢張堯、舜之 道以佐明主，不應以利爲先。」安石曰：「利 以和義，善用之，堯舜之道也。」（頁 328）
熙寧二年 五年壬午	呂晦上十事	呂晦：王安石 置 三 司 條 例，變更祖宗 舊法，乃斂民	《續資治通鑑長編拾補》卷四，熙寧二年 五月壬午條下：王安石執政，多變更祖宗 法，務斂民財，誨屢諍不能得。呂誨上疏 劾安石曰：「王安石外示樸野，中藏巧詐，

〔註 1〕《皇宋通鑑長編記事本末》卷六十六，〈三司條例司〉載設置之始末：「熙寧
二年二月甲子，先是上問：「何以得陝西錢重可積邊穀」安石對：「欲錢重當
修天下開闔斂散之法，因言泉府一官，先王所以催折兼併，均濟貧窮，變通
天下之財，而使利出於一孔者，以此也」。上曰：「誠如此今但知有此理者已
少，況欲推行」安石曰：「人才難得亦難知，今使能者理財，則十人之中容有
一二人敗事，況所擇而使者非一人，豈能無此失。」上曰：「自來有一人敗事
則遂廢，所圖此所以少成事也，故置條理司，以講求理財之術焉，」安石因
請以呂惠卿爲制置司詳檢文字，從之。」參見江蘇古籍出版社。頁 2130。

| | | 財之舉。 | 驕蹇慢上，陰賊害物，臣略舉十事：……今邦國經費，要會在於三司，安石與樞密大臣同制置三司條例，雖名商榷財利，其實動搖天下。有害無利，十也。臣誠恐陛下悅其才辯，久而倚毗，大姦得路，群陰彙進，則賢者盡去，亂由是生。且安石初無遠略，唯務改作立異，文言以飾非，罔上而欺下。誤天下蒼生，必斯人也，如久居廟堂，無安靜之理。」（頁 2172） |
| 熙寧二年七月丙申 | 司馬光上疏言請罷三司條例。 | 司馬光：反對王安石更改先王舊制三司，設置制三司條例司。徒紛亂祖宗成法。 | 《續資治通鑑長編拾補》卷五，熙寧二年八月丙申條下：引司馬光《傳家集》云：「祖宗創業垂統爲後世法，內則設中書樞密院、御史台、三司審官審刑等在京諸司。外則設轉運使、知州、知縣等眾官，以相統御上下有序，此所謂綱紀者也。……今乃使兩府大臣悉取三司條例別置一局，聚文士數人與之謀議，改更舊制三司，皆不與聞，臣恐所改更者未必勝於其舊，而徒紛亂祖宗成法。」（頁 2181）《司馬溫公年譜》載熙寧二年八月五日，司馬光〈上體要疏〉言制置條例司之事，與《續資治通鑑長編》日期有所出入。 |

表三：熙寧二年七月辛巳，立均輸法〔註2〕

公元年號中國年號	重要史事與爭議	學術觀念的差異現象	新舊黨人的言論
公元 1069 年熙寧二年七月辛巳	立淮、浙、江、湖六路均輸法	王安石仿漢制設均輸平準之立意，制衡天下之物價，而設立均輸法。	《續資治通鑑長編拾補》卷五，熙寧二年七月辛巳條下：引《王荊公事略》二年七月行均輸法「發運使領之，凡上供之物皆得徒貴就賤，因近易遠，預知在京倉庫所當辨者，得以蓄買而制其有無，漢武帝置大司農屬，有均輸令丞孟康曰：諸州郡所

〔註 2〕 按均輸之法始於漢武帝桑弘羊之時，據《漢書‧食貨志第四下》云：「武帝元封元年，桑弘羊以諸官各自市相爭，而天下賦輸，或不償其僦費。乃請置大農部丞數十人，分布主郡國，各往往置均輸鹽鐵官，令遠方各以其物，如異時商賈所轉販者爲賦，而相灌輸。置平準於京師，都受天下委輸，召工官治車諸器，皆仰給大農。大農諸官盡籠天下之貨物，貴則賣之，賤則買之」。《宋史‧食貨志》第一百三十九，論及王安石所行均輸之法：「均輸之法，所以通天下之貨，制爲輕重斂散之術，使輸者既便，而有無得以懋遷焉」。

			當輸於官者皆令，輸其土地所饒平其所在時價，官自轉輸於所無之地賣之輸者自便而官有利，故曰均輸。」（頁 2180）
			《宋史記事本末》卷三十七，熙寧二年七月辛巳條下：條例司言：「天下財用無餘，典領之官，拘於弊法，內外不相知，盈虛不相補。諸路上供，歲有常數，豐年便道，可以多致而不能嬴；年儉物貴，難於供億而敢不足。遠方有倍蓰之輸，中都有半價之鬻，徒使富商大賈，乘公私之急以擅輕重斂散之權。今發運使實總六路賦入，其職以制置茶、鹽、礬、酒稅為事，軍儲國用，多所仰給。宜假以錢貨，資其用度，周知六路財賦之有無而移用之。凡糴買、稅斂上供之物，皆得徙貴就賤，用近易遠，令預知中都帑藏年支見在之定數所當供辦得以從便變易蓄買以待上令。稍收輕重斂散之權，歸之公上，而制其有無以便轉輸，省勞費，去重斂，寬農民，庶幾國用可足，民財不匱。」詔本司具條例以聞；而以發運使薛向均輸平準事，賜內藏錢五百萬緡，上供米三百萬石。議者多言不便，帝弗聽。向既董其事，乃請設置官屬，從之。」（頁 329）
熙寧二年七月辛巳	范純仁上奏乞罷均輸法。	范純仁：均輸法不可行在於：堯舜三代務本養民之道在於，陳德義興禮樂；而非與民爭利，並舉成湯、孔子、孟軻為例，聖者多不言利。	《續資治通鑑長編拾補》卷五，熙寧二年七月辛巳條下：引范忠宣奏議〈七月乞罷均輸法〉：「臣伏觀近降敕命，委江淮發運司，行均輸之法。此蓋制置條例之臣，不務遠圖，欲希近效，略取周禮斂賒之制理市之法，而謂可以平均百物，抑奪兼併，以求陛下之信，其實用桑羊商賈之術，將諸路雜貨，買賤賣貴，漁奪商人豪末之利，以開人主侈大之心，甚非堯舜三代務本養民之意也，臣聞傳稱先王之化民曰：「陳之以德義而民興，行先之以恭遜，而民不爭，導之以禮樂，而民和睦，示之以好惡，而民知禁。」今使貪鄙之使，多引其類，習商賈之態，以市道誘民，固異先王陳德義，示好惡之意，而欲民之興，廉知禁不可得已。且成湯不殖貨利，孔子罕言利，孟軻亦曰何必曰利，聖賢非以才利而不可用也，蓋惡其誘導民心，以滋貪欲之風耳。」（頁 2180）

熙寧二年八月癸卯	侍御史劉述、劉琦，監察御史裏行、錢顗等言共同上疏言均輸法之弊	劉述、劉琦、錢顗曰：堯舜之道應以仁義治國，而非以財利爲先。批評王安石所行爲霸國諸侯之術。	《續資治通鑑長編拾補》卷五，熙寧二年八月癸卯條下：引《東都事略》劉琦與劉述上疏：「安石自應舉歷官以來，莫不尊尚堯舜之道，以倡率學者，故天下士人心無不歸向謂之賢，陛下亦聞而知之，遂致位公府，今遭時得君如此之專，當以平時所學仁義之道，啓沃上心，以廣聖德。今乃首以財利之議務，容悅言行乖戾一至於此剛復則又甚焉，不知安石之心待陛下爲何如主也？陛下天資英悟不世而出堯舜之治指日可復，今反以霸國諸侯之術，唐室衰世之事，誘惑上聽，何不恭之甚也，臣等願陛下運乾綱之斷奪安石重任。」（頁2183） 《宋史記事本末》卷三十七，熙寧二年八月壬午條下：八月，侍御史劉琦、監察御史裏行、錢顗等言：「薛向小人，假以貨泉，任其變易，縱有所入，不免奪商賈之利，安石執政以來，專肆胸臆，輕易憲度。陛下欲致治如唐、虞，而安石操管、商權詐之術，規以取媚，遂與陳升之合謀，侵三司利柄，取爲己功，開局設官，用八人分行天下，驚駭物聽，動搖人心。去年因許遵安議案問自首之法，安石任一偏之見，改立新議以害天下。先朝所立制度，自宜世守勿失，乃欲事事更張，廢而不用。疏上，安石奏貶琦、顗，司馬光言琦、顗所坐，不過疏直，乞還其本資，不報。」（頁331）
熙寧二年八月丙午	范純仁再次上疏言均輸之不可行。	范純仁：王安石變祖宗法度，培克財利，採漢武帝桑弘羊均輸法，其言財利則背孟軻，尚法令則稱商鞅，不合先王治國之道。	《宋史記事本末》卷三十七，熙寧二年八月丙午條下：范純仁上疏曰：「王安石變祖宗法度，培克才利，民心不寧，書曰：『怨豈在明，不見是圖。』願陛下圖不見之怨。」及薛向行均輸法於六路，純仁言：「臣嘗親奉德音，欲修先王輔助之政。今乃效桑弘羊均輸之法，而使小人爲之掊克生靈，斂怨基禍。王安石欲求近功，忘其舊學，尚法令則稱商鞅，言財利則背孟軻，鄙老成爲因循，斥公論爲流俗，合意者爲賢，異己者爲不肖。劉琦、錢顗等，一言便蒙降黜，在廷之人，方大半趨附，陛下又從而驅之，其將何所不至！宜速還言者而退安石，以答中外之望。」（頁330）

| 熙寧二年八月庚戌 | 蘇轍言均輸法與民爭利 | 蘇轍：均輸法採漢桑弘羊之說，以利爲先，法術不正。 | 《續資治通鑑長編拾補》卷五，熙寧二年八月庚戌條下：條例司檢詳文字蘇轍言：「昔漢武外事四夷，內興宮室，財用匱竭，力不能支，用賈人桑弘羊之說，買賤賣貴，謂之均輸，雖曰民不加賦而國用饒足，然法術不正，吏緣爲姦，掊克日深，民受其病。今此論復興，眾口紛然，皆謂其患必甚於漢。何者？方今聚斂之臣，財智方略未見有桑弘羊比；而朝廷破壞規矩，解縱繩墨，使得馳騁自由，唯利是嗜，其害必有不可勝言者矣。」（頁2186） |

表四：熙寧二年九月丁卯，行青苗法〔註3〕

公元年號 中國年號	重要史事與爭議	學術觀念的差異現象	新舊黨人的言論
公元1069年 熙寧二年九月丁卯	九月行青苗法置常平官	王安石：以青苗貸錢是取自先王散惠興利以爲耕斂補助之意也。	《宋史記事本末》卷三十七，熙寧二年九月丁卯條下：「初，陝西轉運使李參，以部內糧儲不足，令民自隱度粟麥贏，先貨以錢，俟穀熟還官，號「青苗錢」，行之數年，廩有餘糧。至是條例司言：「諸路常平、廣惠倉，錢穀斂散，未得其宜，故爲利未博。今欲以見在斗斛，遇貴量減市價糶，遇賤量增市價糴，可通融轉運司苗稅，及前斛就使轉易者，亦許兌換。仍以見錢依陝西青苗錢例，願預借者給之，令隨稅輸納斗斛，半爲夏料，爲秋料。內有願請本色，或納時價貴，願納錢者，皆從其便。如遇災傷，許展至次料豐熟日納。非惟足以待凶荒之患；民既受貸，則兼并之家，不得乘新陳不接以邀倍息。又，常平、廣惠之物，收藏積滯，必待年凶物貴，然後出糶，所及不過城市游手之人。令通一路有無，

〔註 3〕青苗之名，非始於宋。按清‧趙翼《陔餘叢考》卷二十青苗錢不始於王安石條云：「青苗錢之名，不自安石始也。宋史趙瞻對神宗云：「青苗法唐行之於季世」，范鎮亦云：「唐季之制不足法。」按通鑑：「唐代宗廣德二年，秋七月，稅青苗錢，以給百官俸，此青苗之始也。」《舊唐書》：「乾元以來用兵，百官缺俸，乃議於天下地畝青苗上量配稅錢，命御史府差官征之，以充百官俸料，遂爲常制。」而宋之青苗法於熙寧二年七月施行之前，王安石於慶曆年間，於鄞縣任內，已實行此法，且具成效。《宋史》卷三百二十七王安石傳有云：「再調知鄞縣，起堤堰，決陂塘，爲水路之利。貸穀於民，立息以償，俾新陳相易，邑人便之。」

			貴發賤斂，以廣蓄積，平物價，使農人得以趨時赴事，兼并者不得乘其急。凡此皆以爲民，而公家無所利焉，是亦先王散惠興利以爲耕斂補助之意也。欲量諸路錢穀多寡，分遣官提舉，每州選通判、幕職官一員，典幹轉移出內，仍先自河北、京東、淮南三路施行，俟有緒，推之諸路。」（頁332）
熙寧二年九月丁卯	蘇轍言青苗之不便	蘇轍言：青苗賒貸之法爲擾民之法。	《宋史記事本末》卷三十七，熙寧二年九月丁卯條下：初，王安石既與呂惠卿議定，出示蘇轍曰：「此青苗法也，有不便，以告。」轍曰：「以錢貸民，使出息二分，本以救民，非爲利也。然出納之際，吏緣爲姦，法不能禁。錢入民手，雖良民不免妄用，及其納錢，雖富民不免踰限，恐鞭箠必用，州縣之事不勝煩矣。唐劉晏掌國計，未嘗有所假貸，有尤之者，晏曰：「使民僥倖得錢，非國福；使吏倚法督責，非民之便，吾雖未嘗假貸，而四方豐凶貴賤，知之未嘗踰時。有賤必糴，有貴必糶，以此四方無甚貴甚賤之病，安用貸爲！」晏之所言，漢常平法耳。今此法具在，而患不修；公誠有意於民，舉而行之，晏之功可立已也。」（頁333）
熙寧二年十一月庚辰	司馬光提出青苗法之弊病，與呂惠卿論辯之。	司馬光：因爲漢代不變更祖宗之法，使三代制度得以保存至今。司馬光：爲政在得人，不在變法也。王安石變亂祖宗之法，以致天下紛紛。呂惠卿：漢代非守蕭何之法而治也，先王治天下，皆是因時而變法。呂惠卿：認爲國家近日多	《續資治通鑑長編拾補》卷六，熙寧二年十一月庚辰條下：「邇英進讀至蕭何曹參，上曰：「使漢常守蕭何之法久而不變可矣？」光曰：「參不變蕭何法得守成之道，故孝惠高後時，天下晏然，衣食滋殖，夫道者，萬世無弊，夏商周之子孫苟能常守禹湯文武之法，何衰亂之有乎？」上曰「人與法亦互相表裏耳。」光曰：「苟得其人則何患法之不善，不得其人則雖有善法失先後之施矣。故當急於得人緩於立法也。」（頁2196）按《皇朝類苑》卷十五，此下有云：武王克商曰：「乃反商政，政由舊，雖周，亦用商政也。」書曰：「毋作聰明，亂舊章」。然祖宗舊法，何可變也？漢武帝用張湯之言，取高帝法紛更之，盜賊半天下。宣帝用高帝舊法，但擇良兩千石使治民，而天下大治。元帝初立，頗改宣帝之政，丞相衡上疏言：「臣竊恨國家釋樂成之業，虛爲

更張舊政而引
起司馬光等人
的反對。

司馬光：這裡
指出他並非視
舊法之弊而不
變；而是對於
先王之法的理
解與呂惠卿有
所不同。

此紛紛也。陛下視宣帝、元帝之爲政，誰
則爲優？」荀卿曰：「有治人，無治法。」
固爲治在得人，不在變法也。」（頁 2196）
《宋史記事本末》卷三十七，熙寧二年九
月壬辰條下：帝曰：「漢常守蕭何之法不
變，可乎？」光對曰：「獨寧漢也，使三代
之君守禹、湯、文、武之法，雖至今存可
也。漢武帝用張湯言取高帝法紛更之，盜
賊半天下，元帝改宣帝之政，而漢始衰。
由此言之，祖宗之法不可變也。」（頁 334）
註：《宋史記事本末》與《續資治通鑑長編
拾補》載司馬光講蕭何曹參事，其日期兩
者有出入。

《續資治通鑑長編拾補》卷六，熙寧二年
十一月壬午條下：「邇英閣呂惠卿講，咸有
一德咎單遂訓伊尹相湯立典型以傳後世。
惠卿言：「先王之法，有一歲一變者，月令
季冬飭國典以待來歲之宜，而周禮正月始
和，布於象魏是也。是也有數歲一變者，
則堯舜五載修五禮，周禮十二載修法則是
也。有一世一變者，則刑罰世輕世重是也。
有數十世而變者，則夏貢、商助、周徹，
夏校、商序、周庠之類是也。臣前日見司
馬光以爲漢惠文景三帝，皆守蕭何法而
治，武帝改其法而亂，宣帝守其法而治，
元帝改其法而亂。臣按何雖約法三章，其
後乃爲九章，則何已不能自守其法矣。惠
帝除挾書律、三族令，文帝除誹謗、妖言，
除祕祝法，皆蕭何法之所有，而惠與文除
之，景帝又從而因之，則非守蕭何之法而
治也。」光之措意蓋不徒然，必以國家近
日多更張舊政而規諷，又以臣置制三司條
例看詳中書條例故有此論也。

帝召光謂聞惠卿之言乎，其言如何，光對
曰：「惠卿之言有是有非，惠卿言漢惠文武
宣元治亂之體是也，言先王之法有一歲一
變、五歲一變、一世一變則非也。周禮所謂
正月始和布於象魏者，乃舊章也。非一歲一
變也。亦猶州長黨正族師於歲首四時之首，
月屬民而讀邦法也，天子恐諸侯變禮易樂、
壞亂舊政，故五載一巡狩，以考察之有變亂
舊章者則削黜之，非五歲一變也。刑罰世輕
世重者，新國亂國平國隨時而用，非一世一

			變也。且臣所謂率由舊章，非坐視舊法之弊而不變也。臣承乏侍經筵惟知講讀史，有聖賢事業可以裨益聖德者，臣則委曲發明之以助萬分。」（頁 2196～2197） 光曰：「朝廷散青苗茲事非便」。呂惠卿曰：「光不知此事彼富室爲之則害民，今縣官爲之則可以利民也」。光曰：「昔太祖平河東，立和糴法以給戍卒，時米斗十錢，民樂與官爲市。其後物貴而和糴不解，遂爲河東世患。臣恐異日之青苗，亦猶是矣。」（頁 2197）
熙寧二年十二月丁亥	蘇軾奏書獻上乞罷各項新法	蘇軾：引孔子語，以名不正言不順，批判王安石制置三司條例司、青苗法、均輸法皆與民爭利。	《續資治通鑑長編拾補》卷六，熙寧二年十二月丁亥條下：蘇軾奏書獻上曰：「人主所恃者，人心也。自古及今，未有和易同眾而不安，剛果自用而不危者。祖宗以來，治財用者不過三司，今陛下又創制置三司條例司，使六七少年日夜講求於內，使者四十餘輩分行營幹於外。以萬乘之主而言利，以天子之宰而治財，君臣宵旰，幾一年矣，而富國之效，茫如捕風，徒聞內帑出數百萬緡，祠部度五千人耳……孔子曰：「工欲善其事，必先利其器」，又曰：「必也正名乎」今陛下操其事而諱其事，有其名而辭其意，雖塚置一啄以自解，市列千金以購人，人必不信謗亦不止，夫制置三司條例司求利之名也……青苗放錢，自昔有禁，今陛下始立成法，每歲常行，雖云不許抑配，而數世之後，暴君污吏，陛下能保之乎？昔漢武以財力匱竭，用桑弘羊之說，買賤賣貴，謂之均輸，于時商賈不行，盜賊滋熾，幾至於亂。臣願陛下結人心者此也。」（頁 2203）
熙寧三年正月癸卯	翰林學士范鎮請罷青苗法	范鎮：三代之法乃爲漢代以來平倉法，而非王安石以唐衰亂之世的青苗法。可見新舊黨人對於先王之法有相當大的出入。	《續資治通鑑長編拾補》卷七，熙寧三年正月癸卯條下：翰林學士范鎮言：「平倉始於漢之盛時，賤則貴而歛之恐傷農也，貴則賤而散之恐傷民也，最爲近古雖唐虞之政無以易也。而青苗者，唐衰亂之世所爲，苗者青在田錢估其直收斂未必而必其償，是是盜跖之法也。今以盜跖之法變唐虞不易之政，此人情所以不安，迺者天雨毛地生毛天鳴地裂，皆民勞之象也，惟陛下觀天地之變，罷青苗之舉。」右正言李常孫覺亦言青苗不便。（頁 2207）

| 熙寧三年二月壬午 | 河北安撫使韓琦上疏言罷青苗法，與安石意見相左。 | 韓琦：常平舊法合於古制，青苗法收取利息與民爭利，不合於古制。
王安石：青苗法收取利息及周公遺法也。 | 《續資治通鑑長編拾補》卷七，熙寧三年二月壬午條下：河北安撫使韓琦言：「熙寧二年詔書務在優民不使兼併，今乃自鄉村自一等而下皆立借錢貫陌，三等以上更許增借，坊郭戶有物業勝質當者，亦依鄉戶例支借。且鄉村上等戶并坊郭有物業者，乃從來兼并之家，今令多借之錢，一千令納一千三百，則是官自放錢取息，與初詔絕相違戾。今諸倉方糴而提舉司已亟止之，意在移此糴本盡為青苗錢，則三分之息可為己功，豈暇更恤斯民久遠之患？若謂陝西嘗行其法，官有所得而民以為便，此乃轉運司因軍儲有闕，適自冬及春雨雪及時，麥苗滋盛，定見成熟，行於一時可也。今乃建官置司，以為每歲常行之法，而取利三分，豈陝西權宜之比哉？兼初詔且於京東、淮南、河北三路試行，有緒方推之他路。今三路未集，而遽盡於諸路置使，非陛下憂民、祖宗惠下之意。乞盡罷提舉官，第委提點刑獄官依常平舊法施行。」（頁2209）
《宋史記事本末》卷三十七，熙寧三年二月己酉條下：河北安撫使韓琦言：「臣準青苗詔書，務在優民，不使兼併者乘其急以激倍息，而公家無所利其入。今每借一千令納一千三百，則是官自放錢取息，與初時抑兼併、濟困乏之意，絕相違戾，欲民信服，不可得也。又，鄉每保須有物力人為甲頭，雖雲不得抑勒，而上戶必不願請，下戶雖或願請，必難催納，將來決有行刑督責、同保均陪之患。陛下勵精求治，若但躬行儉以先天下，自然國用不乏，何必使興利之臣，紛紛四出，以致遠邇之疑哉！乞盡罷諸路提舉官，依常平舊法施行。」（頁337）
王安石勃然進曰：「苟從其欲，雖坊郭何害！」因難琦奏曰：「陛下修常平法以助民，至於收息，亦周公遺法也。如桑弘羊籠天下貨財以奉人主私用，乃可謂興利之臣。今抑兼併，振貧弱，置官理財，非以佐私欲，安可謂興利之臣乎！」曾公亮、陳升之皆言坊郭不當俵錢，與安石論難，久之而罷。帝終以琦說為疑，安石遂稱疾不出。（頁2210） |

熙寧三年二年辛巳	司馬光上疏言青苗法之非	司馬光：三司條例司將常平倉之法更爲青苗錢有違三代聖王之遺法。	《續資治通鑑長編拾補》卷七，熙寧三年二月辛巳條下：司馬光言：「臣先曾上疏言不當設置三司條例司，又言因經筵侍坐言散青苗錢不便，自後朝廷更遣使三十餘人專使散青苗錢，又疑因臣激怒建畫之臣使行更力，由是閉口不敢復言，今行之纔數月、中外鼎沸皆以爲不便，然後臣乃敢發言，彼言青苗錢不便者，止論今日之害者，臣所憂者，乃在十年之後非今日也。陳竊聞先帝嘗出內藏庫一百萬緡，助天下常平倉作糴本錢，前日天下常平倉穀其及一千餘萬貫石，今無故盡散之，他日若思常平之法，復欲收聚何時得及此數字乎，臣以爲散青苗錢之害小，壞常平之法害猶大也。」按《傳家集》此下有云：「常平倉者乃三代聖王之法，非獨李俚耿壽昌能爲之也。穀賤不傷農穀，穀貴不傷民，民賴其食，而官收其利，法之善者無過於此，比來所隳廢者，由官吏不得其人，非法之失也，今聞條例司盡以常平倉爲爲青苗錢，又以其穀換轉運使錢，是欲盡壞常平專行青苗也。」（頁2213）
熙寧三年二月癸未	右正言李常言青苗取息之弊	李常：言王安石置條例司、立均輸法、青苗法乃附會經義取《周官》片面之言，流毒天下，其行徑與王莽竄改《周官》並無不同。	《續資治通鑑長編拾補》卷七，熙寧三年二月癸未條下：右正言李常言：「今尤甚者，至善良備給納之費虛，認貫陌以輸二分之息，上閱常奏曰：常平事皆經中書行遣，今人言紛紛如此，乃因執政議論不一故也。」按《宋史》本傳云：「熙寧初爲秘閣校理，王安石與之善，以爲三司條例詳檢司改右正言知諫院，安石立新法常預議不欲青苗收息，至是疏言：「條例司始建，已致中外之議，至於均輸、青苗散斂取息，附會經義，人且大駭，何異王莽猥析《周官》片言，以流毒天下。安石見之遣所親密論意常不爲止。」（頁2214）
熙寧三年三月甲午	司馬光與王安石信三封，請罷條例司、均輸、青苗各項新法。王安石亦回書一	司馬光：引《孟子》言仁義而已矣，何必曰利，來批評王安石置制條例司、行均輸法散青	《續資治通鑑長編拾補》卷七，熙寧三年三月甲午條下：按《傳家集》熙寧三年二月二十七日〈與王介甫書〉云：「介甫游於諸書無不觀，而特好孟子與老子之言，今得君位而行其道，是宜先其所美，必不先其所不美也。孟子曰：仁義而已，何必曰利，又曰爲民父母，使民盼盼然終歲勤

	封論辯之。	苗錢，非先王之正道。 司馬光：以孟子義利之辨，指出王安石散青苗錢乃與民爭利。 司馬光：王安石取用《周禮》泉府賖貸之事，而立青苗法。司馬光認爲這種征利的行爲，絕非先王之政。	動不得以養其父母，又稱貸而益之惡在其爲民父母也，今介甫爲政首制置條例司，大講財利之事，又命薛向行均輸法於江淮，欲盡奪商賈之利，又分遣使者散青苗錢於天下而收其息，使人人愁痛，父子不相見，兄弟妻子離散此豈孟子之志乎？」（頁2217） 〈與王介甫第二書〉熙寧三年三月三日：「光以荷眷之久誠，不忍視天下之議論恟恟，是敢獻盡言於左右意謂縱未棄絕其取詬辱必矣，不謂介甫乃更賜之誨筆存慰溫厚雖未肯信，用其言亦不辱而絕之，足見君子寬大之德過人遠甚也，光雖未甚曉，《孟子》至於義利之說，至爲明白。介甫或更有它解，亦恐似用心太過也。傳曰：作法於涼，其弊猶貪，作法於貪弊，將若何？今四方豐稔，縣官復散錢與之，安有父子不相見，兄弟離散之事，光所言者乃在數年之後，常平法既壞，內藏庫又空，百姓家家於常賦之外，更增息錢役錢又言利者。」（頁2218） 〈與王介甫第三書〉：「介甫所謂先王之政者，豈非泉府賖貸之事乎，竊觀其意似與今日散青苗錢之意異也，且先王之善政多矣，顧以此獨爲先務乎，今之散青苗錢者，無問民之貧富，願與不願，強抑與之歲收其什四之息，謂之不征利，光不信也。」（頁2218）
熙寧三年三月甲午	王安石以〈答司馬諫議書〉回應司馬光的提問。 並以〈答曾公立書〉議論青苗法的理論基礎。	王安石：點出儒者所爭尤在於名實，亦即與司馬光對於名實觀念存在著不同意見所致，並舉侵官、生事、征利、拒諫四事回應司馬光他以先王之政興利除弊，爲天下理財並非征利。 王安石：青苗法的理論基礎	《續資治通鑑長編拾補》卷七，熙寧三年三月甲午條下：按《臨川集·答司馬諫議書》：「某啓，昨日蒙教。竊以爲與君實游處相好之日久，而議事每不合，所操之術多異故也，雖欲強聒，終必不蒙見察，故略上報，不一一自辨。重念蒙君實視遇厚，於反覆不宜鹵莽，故今具道所以，冀君實或見恕也。蓋儒者所爭尤在於名實，名實已明，而天下之理得矣，今君實所以見教者，以爲侵官生事，征利拒諫，以致天下怨謗也。某則以謂受命於人主，議法度，而修之於朝廷，以授之於有司，不爲侵官。舉先王之政以興利除弊，不爲生事。爲天下理財，不爲征利。闢邪說難壬人，不爲拒諫，至於怨誹之多，則固前知其如此也。」（頁2218）

		乃以《周禮》為本，仿效周公為政事所以理財而訂定之新法。	《王安石全集》卷二十九，書啟〈答曾公立書〉論青苗法：「某啟，示及青苗事，治道之興，邪人不利，一興異論，群聲和之，意不在於法也。孟子所言利者為利吾國，利吾身耳。至狗彘食人食則檢之，野有餓莩則發之，是所謂政事。政事所以理財，理財乃所謂義也，一部《周禮》，理財居其半，周公豈為利哉？姦人者因名實之近，而欲亂之，以眩上下，其如民心之願何？始以為不請，而請者不可遏，終以為不納，而納者不可卻。蓋因民之所利而利之，不得不然也。」（頁12）
熙寧三年三月乙未	韓琦再上奏罷諸路提舉官及恢復常平舊法	韓琦：批評王安石青苗法引《周禮》而收青苗錢，是一大謬誤。《周禮》一書，乃周公致太平之書，絕無剝民取利之理。	《續資治通鑑長編拾補》卷七，熙寧三年三月乙未條下：韓琦再上疏言：「今准都進奏院牒，卻蒙置制司以臣皆為不當，臣看詳置制司疏駁事件，即將臣元奏要切之言多從刪去，唯舉其大概，用偏辭曲為沮難及引《周禮》國服為息之說，文其謬妄，將使無敢復言其非者，臣不勝痛憤……如臣所言不當及甘從竄誣，若是制置司處置乖方，天下必受其弊，即乞依臣前奏盡罷諸路提舉官，只委提點刑獄臣僚，依常平舊法施行以慰眾心。」
			按韓魏公《家傳集》下有云：「今制置條例司疏駁云，言者以調元降敕命：公家無所利其入今河北提舉官，乃令取息三分是與元敕絕相違戾先信於百姓，本司今按《周禮》泉府之官，民之貸款取民息有至二十有五，國事之財用取具焉，今常平新法預俵青苗價錢，但約熟時酌中物價，若熟時物貴即許量減市價納錢……近降指揮又令又令諸路預俵價錢，若遇物價極貴，亦不得過二分，即比《周禮》所取尤少者，臣竊以既立太平之法，必無剝民取利之理，但漢儒以去聖之遠，解釋或有異同耳。按《周禮》泉府掌市之征布斂布之，不售貸之滯於民用者以其價買之物皆書之。」（頁2119）
熙寧三年三月丙申	右正言李常乞罷王安石監察御史裏行、程顥上疏乞罷青苗	李常：王安石得君道，卻不本仁義而講財利。程顥：天下對	《續資治通鑑長編拾補》卷七，熙寧三年三月丙申條下：李常言：「王安石以文學名世，行義得君，乃不本仁出號令考義以利財賦，而佐陛下為此病民斂怨之。」（頁2221）監察御史裏行程顥上疏曰：「臣近累

	錢利息及汰去提舉官事。	安石新法紛紛然，實出於名分不正。	上言，乞罷預俵青苗錢利息及汰去提舉官事，朝夕以覦，未蒙施行。臣竊謂明者見於未形，智者防於未亂，況今日事理，顯白易知，若不因機亟決，持之愈堅，必貽後悔。而近日所聞，尤為未便。伏見制置條司疏駁大臣之奏，舉劾不奉行之官，徒使中外物情，愈致驚駭。伏望檢會臣所上言，早賜施行。」（頁2222）
熙寧三年三月丙申	右正言孫覺上疏言王安石制置條例司與青苗取息不合先王之法	孫覺：提出王安石援引經義附會先王之法。孫覺舉《周官》泉府為例，行青苗取息，實不明鄭康成釋經之意，取疑文虛說而妄用之。	按《明道文集》載論新法乞降責疏：「臣聞天下之理，本貴易簡而行之以順道，則事無不成，故曰：知者若禹之行水行其所無事，捨而至於險阻，則不足以言，智矣，蓋自古興治，雖有專任獨絕，能就事功者未聞，輔弼大臣人各有心，睽戾不一致國致異出名分不正，中外人情交謂不可而能有為者也，況於措置失宜沮廢公議一二大臣實大計用賤凌貴以邪妨正者乎。」（頁2222）《續資治通鑑長編拾補》卷七，熙寧三年三月丙申條下：右正言孫覺言：「竊見制置三司條例司畫一文字，頒行天下，曉諭官吏。其凡有七，至於論斂散出入之弊，將來陷失人所能知者皆置不論，乃援以經義以傅會先王之法與防微杜漸將以召怨賈禍者，臣得直陳之其條有三，於是進呈孫覺疏。」按覺疏其條有七，其條三文佚，考《宋史》本傳云：青苗法行，首議者謂：「周官泉府，民之貸者至輸息二十而五，國事之財用取具焉。」覺條奏其妄曰：「成周賒貸，特以備民之緩急，不可徒與也，故以國服為之息，說者不明鄭康成釋經，乃引王莽計贏受息無過歲什一為據，不應周公取息重於莽時。況載師任地，漆林之征特重，所以抑末作也。今以農民乏絕，將補耕助斂，顧比末作而征之，可乎？國事取具，蓋謂泉府所領，若市之不售，貨之滯於民用，有買有予，並賒貸之法而舉之；儻專取具於泉府，則冢宰九賦，將安用邪？聖世宜講求先王之法，不當取疑文說以圖治。」（頁2222）
熙寧三年三月己未	王安石提出三不足之說回應舊黨諸儒祖宗之法	王安石：解釋天變不足畏，人言不足恤，祖宗之法不足	《續資治通鑑長編拾補》卷七，熙寧三年三月己未條下：上論安石曰聞有三不足之說否，王安石曰不聞。上曰：陳薦言外人云：今朝廷天變不足畏，人言不足恤，祖

不可變之言論。	守之意。並以仁宗數次修法爲例，言祖宗之法不足，乃當然之理。	宗之法不足守，……安石曰：「陛下恭親庶政，無流連之樂荒亡之行，每事唯恐傷民，此亦是懼天變。陛下詢納人言無小大惟言之從，豈是不恤人言，固有不足恤者，苟當於義理，則人言何足恤，故傳稱禮義不愆，何恤於人言，鄭莊公以人之多言亦足畏矣，故小不忍至大亂，及詩所刺，則以爲人言爲不足恤未過也。至於祖宗之法不足守，則故當如此，且仁宗在位四十年凡數次修敕，若法一定子孫世世守之，祖宗何故屢自變改，今議者以爲祖宗之法皆可守，然祖宗用人皆不以次。今陛下試如此則彼議論者更紛紛。」（頁2226）
熙寧三年四月戊辰	御史中丞呂公著乞罷三司條例司	呂公著：王安石青苗法、制置三司條例司，皆名不正言不順之法，請求罷廢之。	《續資治通鑑長編》卷二百一十，熙寧三年四月戊辰條下：呂公著疏言：「伏望陛下仰思先烈，俯察物情，凡所施爲務在仁厚，無致近薄以斂重怨，則人心悅而天意得矣，又言夕不正則言不順，言不順則事不成。今制置一司，上既不關政府，下又不委有司，是以從初置局人心莫不疑眩，及見乎行事物論日益沸騰，朝廷大事無不出於二府，惟是制置條例，實繫國家安危……今朝廷處置未能有利及民，然而先置一司，使天下疑惑愁怨，至今不定，恐非策之得者也。乞檢會臣前奏施行皆不聽，迺求罷職家居俟命。」（頁2228）
熙寧三年四月壬午	陳襄乞罷青苗法	陳襄：王安石青苗取息乃假託爲周公太平之法，實爲管商之術，勸神宗行王道效堯舜之君，以義治天下，不爲王安石霸道之術所誤。	《續資治通鑑長編》卷二百一十，熙寧三年四月戊辰條下：「自陛下臨政以來，事無過舉，惟用王安石有更事之暴，而致興利之非，聖人施爲自有法度不合於道者去之，任天下之羣才，收天下之公議，堯舜三王之治可以指期，而又何必徇一士之之曲議，以貽黎元之患哉，所有制置條例司如有可行事件，乞止歸三司相度施行，青苗之法早賜停寢，則天下甚幸。」襄又奏：「臣觀制置司所議，莫非引經以爲言，而其實貸民以取利，事體卑削爲天下譏笑是特爲管仲商君之術，非陛下之所宜行。臣願陛下爲堯舜之君，以義治天下，不願其爲霸主也。……陛下以至仁求治，凡欲更章法度皆以爲民安，有取民脂膏以爲貸息，而謂周公太平已試之法哉，陛下之心，

公元年號 中國年號	重要史事 與爭議	學術觀念的 差異現象	新舊黨人的言論
			必不為此，然則天下之人，皆知誤陛下者王安石也。」（頁 2235）
熙寧三年 五月庚戌	歐陽修上疏〈言青苗錢第一劄子〉〈言青苗錢第二劄子〉	歐陽修：青苗錢本意為先王惠民之法，王安石施青苗錢乃放債取利之法。	《續資治通鑑長編》卷二百十一，熙寧三年五月庚戌條下：歐陽修奏疏曰：「臣竊見議者言青苗取利於民為非，而朝廷深惡其說，至煩聖慈，命有司具述本末，委屈申論中外。以朝廷本為惠民之意，然告諭之後，縉紳之士，議論益多，至於田野之民，蠢然固不知周官泉府為何物。但聞官中放債，每錢一百文要二十文利耳，是以申告雖煩而莫能論也，臣亦以謂等是取利，不許取三分而許取二分，此孟子所謂以五十步笑百步者。」（頁 2244）
熙寧三年 五月庚戌	王安石回應歐陽修對於青苗法的質疑	王安石：回應歐陽修不知經不識義理，並且非周禮、毀繫辭。	《續資治通鑑長編》卷二百十一，熙寧三年五月庚戌條下：上論文章以華辭無用，不如吏材有益，安石曰：「華辭誠無用，有吏材則能治人，人受其利，若從事於放辭而不知道適足以亂俗害理，如歐陽修文章於今誠為卓然，然不知經不識義理，非周禮、毀繫辭中間學士為其所誤幾至大壞，時修方力陳新命，上未許也。」（頁 2245）

表五：熙寧三年十二月，行募役法〔註4〕

公元年號 中國年號	重要史事 與爭議	學術觀念的 差異現象	新舊黨人的言論
熙寧三年 十二月戊寅	熙寧三年十二月戊寅，行募役法	王安石：募役法乃效先王致民財以祿庶人在官者之法。	《宋史記事本末》卷三十七，熙寧三年十二月戊寅條下：「先是詔條例司講立役法，條例司言：「使民出錢募人充役，即先王致民財以祿庶人在官者之意。」命呂惠卿、曾布相繼草具條貫，踰年始成。計民之貧

〔註4〕關於募役法之源由起於宋神宗役法之議：宋因隋唐之舊，宋太祖於太平興國五年，定差役法，以貧富分諸州戶為九等，上四等充役，下四等免之。英宗治平四年六月神宗即位，三司使韓絳言：「害農之弊，無過差役，重者衙前，多致破產，次則州役，亦須重費」，同年九月神宗乃詔天下官吏有能知差役利害可以寬減者，實封條析以聞，役法之議始於此。而王安石於熙寧元年（西元 1068 年）〈本朝百年無事劄子〉已論及差役法之弊「農民壞於繇役，而未嘗特見救恤」，而於變法時提出募役法以救差役法之弊。《宋史·食貨志》卷一百七十七詳載募役法之立意：「使民出錢雇役，即先王致民財以祿庶人在官之意，願以條目」。募役之法，即變更宋初以來的差役制為募役制，故又名募役法或免役法。

			富，分五等輸錢，名曰「免役錢」。若官戶、女戶、寺觀、單丁、未成丁者，亦等第輸錢，明「助役錢」。凡輸錢先視州若縣應用雇直多少，隨戶等均取雇直，又增取兩分，以備水旱欠闕，謂之「免役寬剩錢」。用其錢募人代役，既試用其法於開封府，遂推行於諸路。」（頁347）
熙寧三年十一月二日	司馬光上〈乞罷永興軍路青苗免役錢〉	司馬光：免役法爲擾民斂錢之法。	《司馬溫公年譜》卷五，十一月二日〈乞罷永興軍路青苗免役錢〉：略云：「伏見所散青苗錢，貧破百姓，今又聞欲令州縣出免役錢，果行如此，其爲害必又甚於青苗。何則？上等人戶自來更互充役，有時休息；今使歲出錢，是常無休息之期。下等戶及單丁戶，從來無役；今盡使之出錢，是鰥寡孤獨之人，俱不免役也。錢少則不足以僱人，錢多則須重斂。」（頁174）
熙寧四年四月癸酉	蘇軾上疏言各項新法缺失	蘇軾：反對王安石更改祖宗舊有制度，將國家的改革放在治財求利之上。並且蘇軾主張：治國之道，在於道德之深淺，勸誡神宗應崇道德，而非急於國力之富強。大有勸誡神宗行王道而去霸道的意味。	《宋史記事本末》卷三十七，熙寧四年四月癸酉條下：蘇軾曰：「願陛下結人心，厚風俗、存綱紀。人主所恃者，人心也，自古及今，未有和易同眾而不安，剛果自用而不危者，祖宗以來，治財用者，不過三司。今陛下又制三司條例司，使六七少年日夜講求於內，以萬乘之主而言利，以天子之宰而治財，……昔漢武以財力匱竭，用桑弘羊之說，買賤賣貴，謂之均輸，於時商賈不行，盜賊滋熾，幾至於亂。臣願陛下結人心者此也。國家之所以存亡者，在道德之深淺，不在乎強與弱，歷時之所以長短者，在風俗厚薄，不在乎富與貧。臣願陛下務崇道德而厚風俗，不願陛下急於有功而貪富強。仁宗持法至寬，用人有序，務專掩覆過失，未嘗輕改舊章，考其成功，則曰未至，言乎用兵，則十出而九敗，言乎府庫，則僅足而無餘。徒以德澤在人，風俗知義，故升暇之日，天下歸仁。」（頁349～350）
熙寧四年五月庚子	御史中丞楊繪言助役法	楊繪：以助役法求利爲由，言助役法五項弊病。	《續資治通鑑長編》卷二百二十三，熙寧四年五月庚子條下：御史中丞楊繪言：「助役之利一，而難行有五。請先言其利：假如民田有一家而百頃者，亦有戶纔三頃者，其等乃俱在第一，以百頃而較三頃，則已三十倍矣，而受役月日，均齊無異；

			況如官戶，則除耆長外皆應無役，今例使均出雇錢，則百頃所輸必三十倍於三頃者，而又永無決射之訟，此其利也。然難行之說亦有五：民惟種田，而責其輸錢，錢非田之所出，一也。近邊州軍，就募者非土著，姦細難防，二也。逐處田稅，多少不同，三也。耆長雇人，則盜賊難止，四也。衙前雇人，則失陷官物，五也。乞先議防此五害，然後著爲定制，仍先戒農寺無欲速就以祈恩賞，提舉司無得多取於民以自爲功，如此則誰復妄議。」（頁2361）
熙寧四年六月	劉摯上疏言助役法之害，並提出義利之別。	劉摯：提出君子小人的義利之說，指責王安石爲小人，因爲助役法爲求利之法。 此處可以觀察劉摯將新舊兩黨對於新法之爭議，劉摯歸類爲乃是君子、小人的義利之爭。 劉摯繼續言王安石助役錢十害。 並認爲王安石所實施之青苗、均輸、助役之法皆征利之法。	《續資治通鑑長編》熙寧四年六月戊午條下，劉摯言：「臣竊以爲治之道，爲知人爲難，蓋善惡者君子小人之分，在義利而已……今陛下賑卹均役之意，變而爲聚斂之事，陛下興農除害之法，變而爲繁擾之令，臣以爲此等非必皆其才之罪，特其心之所向者不在乎義而已。」（頁2367） 《宋史記事本末》卷三十七，熙寧四年七月丁酉條下：劉摯曰：「君子小人之分，在義利而已。小人希賞之志每在事先，奉公之心每在私後。陛下有勸農之意，今變而爲繁擾，陛下有均役之意，今倚以爲聚斂，天下有喜於敢爲，有樂於無事，彼此比爲流俗，以此彼爲亂常，畏義者以進取爲可恥，嗜利者以守道爲無能，此風浸成，漢唐黨禍必起矣。」（頁353） 《續資治通鑑長編》卷二百二十四，熙寧四年六月庚申條下：「臣聞孟子曰：徒善不足以爲政，言人君雖有仁心仁聞，苟不因先王之道爲良法度以行之，則亦不免於民不得披其澤，而略陳助役十害」（頁2369） 《續資治通鑑長編》卷二百二十五，熙寧四年七月丙申條下：劉摯上疏辯駁王安石批評曰：「臣所向者公，所背者私，所向者義，所背者利，所向者君父，所背者權臣，今方辨助役法之利害，而無故立向背之論，以朋黨之意教誘天下此可駭也。……向青苗之議起，而天下始

			有聚斂之疑。青苗之議未已，而均輸之法行；均輸之法方擾，而邊鄙之謀動；邊鄙之禍未艾，而漳河之役作；漳河之害未平，而助役之事興。其議財，則市井屠販之人皆召至政事堂；其征利，則下至於曆日而官自鬻之。推此而往，不可究言。輕用名器，混淆賢否。忠厚老成者，擯之為能；俠小儇辯者，取之為可用；守道憂國者，斥之為流俗；敗常害民者，稱之為通變。凡政府謀議經畫，獨與一掾屬決之，然後落筆，同列預聞，反在其後；故奔走乞丐之人，其門如市。今西夏之款未入，反側之兵未安，三邊瘡痍，流潰未定，河北大旱，諸路大小，民勞財乏，縣官減耗。聖人憂勤念治之時，而政事如此，皆大臣誤陛下，而大臣所用者誤大臣也。」疏奏，安石欲竄摯嶺外，帝不許，但謫監倉。（頁354）
熙寧四年七月戊子	王安石回應劉摯助役法之批評	王安石以名不正言不順批評劉摯仁義之說的批評。	《續資治通鑑長編》卷二百二十五，熙寧四年七月戊子條下：「孔子曰：名不正則言不順，言不順則事不成，事不成則禮樂不興，禮樂不興則刑罰不中，刑罰不中則民無所措手足。然則民無所措手足其本在於民不正，孟子曰：楊墨之道不息，孔子之道不著，邪說誣民充塞仁義，仁義充塞則率獸食人，今朝廷異論類皆懷姦，其實豈止於楊墨之道不息而已。以邪為正，以正為邪其為名不正甚矣。」（頁2380）
熙寧五年十二月	王安石〈上五事箚子〉言新法之理論基礎	王安石：免役之法，出自於《周官》，取庶人在官之意。	王安石〈上五事箚子〉云：「蓋免役之法，出於《周官》所謂府、史、胥、徒，王制所謂庶人在官者也。然而九州之民，貧富不均，風俗不齊，版籍之高下不足據，今一旦變之，則使之家至戶到，均平如一，故免役之法成，則農時不奪，而民力均矣。」（頁28） 據《王荊公年譜考略·上五事箚子》繫於熙寧五年十二月，本文據此時序而條列之。

表六：熙寧三年十二月，立保甲法〔註5〕

公元年號 中國年號	重要史事 與爭議	學術觀念的 差異現象	新舊黨人的言論
公元 1070 年 神宗熙寧三 年七月丙申	熙寧三年， 王安石與神 宗分析募兵 與民兵之優 劣	王安石：以理 財爲由，取 「民所利而 利之」，以不 費國財方式， 勸說神宗行 保甲法。	《續資治通鑑長編》卷二百十三，熙寧三年七月丙申條下：王安石進呈蔡挺乞以義勇爲五，番教閱事，上令論及民兵。安石曰：「募兵未可全罷，民兵可漸復，府界亦可爲，至於廣南，尤不可緩。今中國募禁軍往戍多死此害仁政，陛下誠罷軍職所得官十二三鼓舞百姓豪傑，使趨於民兵，則事甚易成。上言國之大政在兵農，上曰先措置得兵乃及農緣，治農事須財兵，不省財，財無由足。安石曰：「農亦不可以爲在兵事之後，前代興王知不廢農事，乃能并天下、興農事，自不費國財。但因民所利而利之，則亦因民財力而用也。」（頁 2365）
公元 1070 年 神宗熙寧三 年十二月乙 丑	熙寧三年十 二月乙丑頒 立保甲法。	王安石：節省 國家財費爲 由，效先王以 農爲兵，而主 張罷募兵 制，立保甲 法。	《續資治通鑑長編》熙寧三年十二月乙丑條下：安石對神宗言言：「先王以農爲兵，今欲公私財用不匱，爲宗社長久計，當罷募兵，用民兵。」中書言司農寺定畿縣保甲條制，凡十家爲一保，選主戶有材幹心力者一人爲保長。五十家爲一大保，選主戶最有心力及物產者最高者一人爲大保長。十大保爲一都保，選主戶有行止材勇爲眾所伏者二人爲都副保正，又以一人爲之副。應主客戶兩丁以撰一人爲保丁，授之弓弩，教之戰陣。每一大保，夜輪五人往來巡警，遇有盜，晝時聲鼓，大保長以下率保長以下率保丁追捕。如盜入別保，遞相擊鼓應接襲逐。凡告捕所獲，以賞格從事。同保犯強盜、殺人、強姦、略人、傳習妖教、造畜蠱毒，知而不告，依律伍保法。餘事非干己及非敕律所聽糾，皆無得告，雖知情亦不坐，若於法鄰保合坐罪者，乃坐之。其居停強盜三人，經三日，保鄰雖不知情，科失覺罪。逃移、死絕，同保不及五家，併它保。有自外入保者，收爲同保，戶數足則附之，俟及十家，則別爲

〔註5〕 保甲之法，蓋起於三代，王安石於〈上五事箚子〉提出保甲法之淵源：「保甲之法，起於三代丘甲，管仲用之齊，子產用之鄭，商君用之秦，仲長統言之漢，而非今日之立異也。」

			保,置牌以書其戶數姓名……推及天下將爲萬世常安之術,乃下司農寺詳定至是增損行之。」(頁2310)
熙寧四年三月甲午	文彥博、王安石、神宗,共議保甲法之是非。	文彥博:提出祖宗之法不可變,反對安石實施保甲法。 王安石反駁曰:祖宗法制若是完善的話,則財用不會不足,中國應該是富強的,然事實卻不然,王安石從此點反對祖宗法制。 文彥博接著提出反對保甲之由:中原之人,不識兵戈者幾百年,神宗應施以仁政,不應以保甲擾民。	《續資治通鑑長編》卷二百二十一,熙寧四年三月戊子條下:樞密使文彥博曰:「朝廷行事,務合人心,宜兼采眾論,不當有所偏聽。陛下屬精求治,而人心未安,蓋更張之過也。祖宗法制,未必皆不可行,但有廢墜不舉之處耳。」彥博又曰:「保甲用五家爲保,猶之可也,今乃五百家爲一大保,則其勞擾可知……彥博又云,祖宗法制具在,不須更張以失人心。」上曰:「更張法度於士大夫誠多不悅,然百姓何所不便。」彥博曰:「爲與士大夫治天下,非與百姓治天下也」上曰:「士大夫豈盡以更張爲非,亦自有以爲更當更張也。」安石曰:「法制具在,則財用宜足,中國宜彊。今皆不然,未可謂之法制具在也。」(頁2337~2338) 《續資治通鑑長編》熙寧四年三月甲午條下:文彥博對神宗曰:「今陛下以睿聖之德,盛祖宗隆盛之業,中原之人,不識兵戈者幾百年過於三代,所謂民不改聚,地不改闢,施之仁政,而不煩擾之,則太平之效,又何加焉?陛下必欲捨此而求別治道,以致太平,更易兵制,以張威武,故非臣愚所及也。」(頁2340)
熙寧四年三月甲午	馮京與王安石辨論保甲事	馮京:言保甲不必五百人爲一保。 安石:以理財爲不匱之由,言祖宗之募兵制誠當有所變革。	《續資治通鑑長編》熙寧四年三月甲午條下:馮京言:「不須以五百人爲一保,管仲內政寄軍令亦只是五人爲一保」上欲且罷都保正,安石曰:「不須罷都保正,保正非所以致人不安也。」安石曰:「欲宮私財用不匱爲宗廟社稷久常計募兵之法誠當變革,不可獨恃。」(頁2340)
熙寧四年三月丁未	神宗與王安石論保甲事。	王安石:保甲法不但可省養兵財費,亦是追復三代復古之兵制。 王安石提出保甲法乃復古之法。	《續資治通鑑長編》卷二百二十一,熙寧四年三月丁未條下:上與王安石論保甲事,王安石言:「今所以爲保甲,足以除盜,然非特除盜也,故可漸習其爲兵。既人人爲射,又爲旗鼓變其耳目,漸與約免稅上番伐巡檢下兵士,又令都副保正能補賊者獎之,或使爲官,則人競勸。然後使與募兵相參,則可以消募兵驕志,省養兵財費,事漸可以復古,此宗廟長久計,非小事也。」(頁2347)

表七：熙寧五年三月丙午，行市易法〔註6〕

公元年號 中國年號	重要史事 與爭議	學術觀念的 差異現象	新舊黨人的言論
熙寧五年 三月丙午	立市易法	王安石：依漢平準之法，平均物價而立市易法。	《續資治通鑑長編》神宗熙寧五年三月丙午條下：「詔曰天下商旅，物貨至京多爲兼併之家所困，往往折閱失業，至於行鋪俾販亦爲取利多窮窘宜出內藏庫錢帛選官於京師置市易務其條約，委三司本司詳定以聞。自王韶倡爲緣邊市易之說，王安石善之，以爲與漢平準法同，可以制物低昂而均通之，遂用草澤魏繼宗議，以內藏庫錢帛置市易務於京師。凡貨之可市及滯於民而不售者，平其價市之，願以易官物者聽。以抵當物力多少均分賒請，相度立限，歲出息二分納還。以戶部判宮呂嘉問爲提舉。嘉問上建置三十條，其一云：「兼并之家較固取利，令市易務覺察，申三司，按置以法。」帝削去此條。御史劉孝孫言：「於此見陛下寬仁愛民之至。」安石曰：「孝孫稱頌此事以爲聖政，臣愚竊謂此乃聖政之闕也。」自是諸州上供蘆席、黃蘆之類，悉令計直，從民願者市之以給用。尋改在京市易務爲都提舉市易司，秦鳳、兩浙、滁州、成都、廣州、鄆州六市易司皆隸焉。」（頁2437）

〔註6〕有關於市易法之源由，據《宋史‧食貨志》卷一百八十六所載：「熙寧三年，保平軍節度推官王韶倡爲緣邊市易之說，丐假官錢爲本。詔秦鳳路經略司以川交子易物貨給之，因命韶爲本路帥司幹當兼領市易事。時欲移司於古渭城，李若愚等以爲多聚貨以啓戎心，又妨秦州小馬、大馬私貿易，不可。文彥博、曾公亮、馮京皆韙之，韓絳亦以去秦州爲非，唯王安石曰：古渭置市易利害，臣雖不敢斷，然如若愚奏，必無可慮。七月，詔轉運司詳度，復問陳升之。升之謂古渭極邊，恐啓群羌闚覦心。安石乃言：今蕃戶富者，往往蓄緡錢二三十萬，彼尚不畏劫奪，豈朝廷威靈，乃至衰弱如此？今欲連生羌，則形勢欲張，應接欲近。古渭邊砦，便於應接，商旅並集，居者愈多，因建爲軍，增兵馬，擇人守之，則形勢張矣。且蕃部得與官市，邊民無復逋負，足以懷來其心，因收其贏以助軍費，更闢荒土，異日可以聚兵。時王安石爲政，汲汲焉以財利兵革爲先，其市易之說，已見熙寧二年建議立均輸平準法之時，故王韶首迎合其意，而安石力主之，雖以李若愚、陳升之、韓絳諸人之議，而卒不可回。五年，遂詔出內帑錢帛，置市易務于京師。」可知原先是王安石一項開邊政策，於邊境古渭城置市易司，統領財政與軍事要務，因推行有成效而後於熙寧五年三月推廣於全國。

熙寧四年六月丙子	王安石對神宗言市易法之立意。	王安石言市易法亦是為理財所立之法。	《續資治通鑑長編》卷二百二十四，熙寧四年六月丙子條下：王安石曰：「今日古謂文彥博亦不知其不可廢，所以費不足，正由不理財故也，既拓地則須理財以足其費，此乃市易之所以不可無也。」（頁 2376）
熙寧五年十二月	王安石〈上五事箚子〉中提到市易法的理論根據。	王安石：市易法是仿效周之司市，漢之平準而設流通貨物之法。	《王安石全集》卷三奏議〈上五事箚子〉：「市易之法，起於周之司市、漢之平準，今以百萬緡之錢，權物價之輕重，以通商而貴之，令民以歲入數萬緡息。然甚知天下之貨賂未甚行，竊恐希功幸賞之人，速求成效於年歲之間，則吾法隳矣。臣故曰「三法（市易、保甲、免役）者，得其人緩而謀之，則為大利，非其人急而成之，則為大害。」（頁 28）
熙寧六年四月己亥	文彥博上疏言市易法的缺失。	文彥博：抨擊王安石更張祖宗之法太過也。並指出市易法，乃求利之法，而遭來天降災異以示警。	《宋史記事本末》卷三十七，熙寧六年四月己亥條下：文彥博罷。彥博久居樞密，以王安石多變舊典，言於帝曰：「朝廷行事，務合人心，宜兼採眾論，以靜重為先，陛下勵精求治，而人心未安，蓋更張之過也，祖宗法未必皆不可行，但有偏而不舉之弊爾」。及市易司立，至果實亦官監賣，彥博以為損國體，斂民怨，致華岳山崩，為帝極言之。且曰：「衣冠之家罔利於市，搢紳清議尚所不容。豈有堂堂大國，皇皇求利，而天意有不示警者乎！」王安石曰：「華山之變，殆天意為小人發。市易之起，自為細民久困，以抑兼并爾，於官何利焉！」博彥求去益力，遂以司空、河東節度使、判河陽，徒大名府。」（頁 358）
熙寧七年五月	三司使曾布，提舉市易司呂嘉問，言市易法與王安石相左被罷。	曾布，呂嘉問：勸神宗應以王道治天下，批評市易法乃唐、虞、三代所無之法。	《宋史記事本末》卷三十七，熙寧七年五月：帝遂詔中書曰：「朝廷設市易，本為平準以便民，若《周官》泉府者，今顧使中人之家失業若此，吾民安得泰然也！宜釐定其制。」布見帝，言曰：「臣每聞德音，欲以王道治天下。今市易之為虐，駸駸乎間架、除陌之事矣。如此之政，書於簡牘，不獨唐、虞、三代所無，歷觀秦、漢以來衰亂之世，恐未之有也。嘉問又請販鹽鬻帛，豈不貽笑四方。」帝頷之。事未決，安石去位，嘉問持之以泣，安石勞之曰：「吾以薦惠卿矣」，及惠卿執政，遂治前獄，劾布沮新法，出知饒州，嘉問亦出知常州。」（頁 361）

參考書目

一、王安石的文集、年譜與輯佚等著作

1. 王安石,《臨川先生文集》,臺北:中央圖書館藏宋紹興二十一年王鈺刊本。

2. 王安石,《周官新義附考工記解》,台北:臺灣商務印書館景印文淵閣四庫全書本。

3. 王安石,《王安石全集》,臺北:河洛圖書出版社,1974 年 10 月版。

4. 王安石,《王臨川全集》,台灣:世界書局,1988 年 10 月版。

5. 沈清韓,《王荊公詩文沈氏注》,香港:中華書局,1997 年 9 月版。

6. 程元敏輯,《三經新義輯考匯評(二)詩經》,臺北:國立編譯館,1986 年 7 月初版。

7. 程元敏輯,《三經新義輯考匯評(三)周禮》,臺北:國立編譯館,1986 年 7 月初版。

8. 程元敏輯,《三經新義輯考匯評(一)尚書》,臺北:國立編譯館,1986 年 7 月初版。

9. 蔡上翔,《王荊公年譜考略》,台北:洪氏出版社,1975 年 4 月版。

10. 顧棟高,《王安石年譜》,台北:河洛圖書出版社影印 1935 年,沈卓然重編王安石全集附印本。

二、王安石研究專著

1. 梁啓超,《王荊公》,臺北:中華書局,1974 年 7 月版。

2. 夏長樸,《李覯與王安石研究》,臺北:大安出版社,1989 年 5 月。

3. 東一夫,《王安石事典》,日本東京:國書刊行會,昭和 55 年 10 月。

4. 東一夫,《王安石新法研究》,日本東京,風間書房,昭和 45 年 4 月初版。

5. 漆俠，《王安石變法》，上海：上海人民出版社 1959 年 3 月初版。

6. 熊公哲，《王安石政略》，臺北：臺灣商務印書館，1970 年 6 月版。

7. 王明蓀，《王安石》，台北：東大圖書公司，1994 年 10 月版。

8. 帥鴻勳，《王安石新法研述》，臺北：正中書局，1982 年 3 月版。

9. 蔣義斌，《宋代儒釋調和論及排佛論之演進─王安石之融通儒釋及程朱學派之排佛反王》，臺北：臺灣商務印書館，1987 年版。

10. 鄧廣銘，《北宋政治改革家王安石》，北京：人民出版社，1997 年 10 月版。

三、古籍文獻資料

（一）經　部

1. 《周禮注疏》（影嘉慶 20 年南昌府學刊十三經注疏本），鄭玄注、孔穎達等疏，台北藝文印書館，1982 年。

2. 《尚書注疏》（影嘉慶 20 年南昌府學刊十三經注疏本），孔安國傳、孔穎達疏，台北藝文印書館，1982 年。

3. 《毛詩注疏》（影嘉慶 20 年南昌府學刊十三經注疏本），鄭玄箋、孔穎達疏，台北藝文印書館，1982 年。

4. 《尚書》，十三經注疏本，北京：北京大學出版社，1999 年 12 月版。

5. 《周禮》，十三經注疏本，北京：北京大學出版社，1999 年 12 月版。

6. 《儀禮》，十三經注疏本，北京：北京大學出版社，1999 年 12 月版。

7. 《禮記》，十三經注疏本，北京：北京大學出版社，1999 年 12 月版。

8. 《論語》，十三經注疏本，北京：北京大學出版社，1999 年 12 月版。

9. 《孟子》，十三經注疏本，北京：北京大學出版社，1999 年 12 月版。

10. 王昭禹，《周禮詳解》，台北：臺灣商務印書館景印文淵閣四庫全書本。

11. 王與之，《周禮訂義》，台北：臺灣商務印書館景印文淵閣四庫全書本。

12. 朱申，《周禮句解》，台北：臺灣商務印書館景印文淵閣四庫全書本。

13. 易祓，《周官總義》，台北：臺灣商務印書館景印文淵閣四庫全書本。

14. 林之奇，《尚書全解》，台北：臺灣商務印書館景印文淵閣四庫全書本。

15. 俞庭椿，《周禮復古編》，台北：臺灣商務印書館景印文淵閣四庫全書本。

16. 孫詒讓，《周禮正義》，台灣：中華書局，1975 年 12 月版。

17. 葉時，《禮經會元》，台北：臺灣商務印書館景印文淵閣四庫全書本。

18. 孫星衍，《尚書今古文注疏》，台北，文津出版社，1987 年版。

（二）史　部

1. 尤袤，《遂初堂書目》，臺北：臺灣商務印書館，1978 年 1 月版。

2. 司馬遷，《史記》，台北：鼎文書局，新校標點本，1975 年版。

3. 李攸，《宋朝事實類苑》，台北：鼎文書局，1978 年版。

4. 李心傳，《建炎以來繫年要錄》，台北：臺灣商務印書館景印文淵閣四庫全書本。

5. 李燾，《續資治通鑑長編》新定本六百卷，台北，世界書局，楊家駱主編，1974 年 6 月 3 版。

6. 徐松，《宋會要輯稿》，臺北：新文豐出版社，1991 年 8 月版。

7. 班固，《漢書》，台北：鼎文書局，新校標點本，1991 年版。

8. 馬端臨，《文獻通考》，臺北：臺灣商務印書館，1987 年 12 月臺 1 版。

9. 余嘉錫，《四庫提要辯證》，台北：藝文印書館，1965 年。

10. 脫脫等著，《新校本宋史》，台北：鼎文書局，1975 年版。

11. 楊仲良，《皇宋通鑑長編紀事本末》，上海：古籍出版社，宛委別藏本。

12. 陳邦瞻等撰，《新校本宋史記事本末》，台北：鼎文書局，1978 年 3 月初版。

13. 陳振孫，《直齋書錄解題》，臺北：臺灣商務印書館，1978 年 1 月版。

14. 晁公武，《郡齋讀書志》，臺北：臺灣商務印書館，1978 年 1 月版。

15. 王堯臣等著，《崇文總目》，臺北：臺灣商務印書館，1978 年 1 月版。

16. 陸心源，《宋史翼》，台北：鼎文書局，1991 年版。

17. 紀昀，《四庫全書總目提要》，台北：漢京文化事業公司，1986 年版。

18. 章學誠，《文史通義》，台北：漢京文化事業公司，1986 年版。

19. 趙汝愚，《宋名臣奏議》，台北：臺灣商務印書館景印文淵閣四庫全書本。

20. 趙翼，《二十二史箚記》，台北：世華出版社，1970 年版。

（三）子　部

1. 王梓財，《宋元學案補遺》，台北：世界書局，1974 年 10 月版。

2. 王應麟，《困學紀聞》，臺北：臺灣商務印書館，四部叢刊廣編。

3. 周密，《癸辛雜識》，北京：中華書局，1988 年 1 月版。

4. 洪邁，《容齋隨筆》，上海：上海古籍出版社，1996 年 3 月版。

5. 陸游，《老學庵筆記》，台北：新文豐出版公司，叢書集成新編。

6. 邵博，《邵氏聞見後錄》，台北：廣文書局，1976 年 10 月版。

7. 黃宗羲，《宋元學案》，台北：華世出版社，1987 年 9 月 1 版。

（四）集　部

1. 文彥博，《潞公文集》，台北：臺灣商務印書館，四部叢刊初編。

2. 司馬光，《司馬文正公傳家集》，台北：商務印書館四部叢刊初編，1965年1版。

3. 朱熹，《朱文公全集》，台灣：中華書局四部備要本。

4. 李覯，《李覯集》，臺北：漢京文化公司，1983年10月版。

5. 陳傅良，《止齋集》，台北：臺灣商務印書館影印文淵閣四庫全書本。

6. 程顥等，《二程遺書》，上海：上海古籍出版社，1992年1版。

7. 程顥等，《二程集》，臺北：里仁書局，1982年版。

8. 蘇軾，《經進東坡文集事略》，台北：世界書局，1968年9月版。

9. 蘇轍，《欒城集》，台北：世界書局，1972年5月版。

10. 歐陽修，《歐陽修全集》，台北：世界書局，1991年10月版。

11. 韓琦，《韓魏公集》，台北：臺灣商務印書館，叢書集成簡編。

四、近世文獻資料

（一）經　學

1. 本田成之，《中國經學史》，台北：廣文書局，1990年7月版。

2. 皮錫瑞，《經學通論》，台北：臺灣商務印書館，1989年10月。

3. 皮錫瑞，《經學歷史》，台北：藝文印書館，1996年8月3刷。

4. 安井小太郎等，《經學史》，臺北：萬卷樓圖書有限公司，1996年版。

5. 朱尊彝，《點校補正經義考》，台北：中央研究院中國文哲研究所古籍整理叢刊，1997年6月版。

6. 江俠庵編，《先秦經籍考》，台北：河洛圖書出版社，1975年5月版。

7. 汪惠敏，《宋代經學之研究》，台北國立編譯館，1989年4月版。

8. 李威熊，《中國經學發展史》，台北：文史哲出版社，1978年版。

9. 周予同，《經學史論著選集》，上海：人民出版社，1996年7月2版。

10. 周予同，《群經概論》，上海書店，民國叢書第二編，商務印書館影印本，1990年版。

11. 林慶彰，《中國經學史論文選集》上下冊，台北：文史哲出版社，1992年初版。

12. 金春鋒，《周官之成書及反映的文化與時代新考》，台北：東大圖書公司，1993年11月版。

13. 侯家駒，《周禮研究》，台北：聯經出版社，1984年6月版，

14. 徐復觀，《中國經學史的基礎》，台北：學生書局，1990年。

15. 徐復觀，《周官之成立時代及其思想性格》，台灣：學生書局，1980 年 5

月版。

16. 馬宗霍，《中國經學史》，台灣：商務印書館，1992 年 11 月版。

17. 湯志鈞，《經學史論集》，臺北：大安出版社，1995 年 6 月。

18. 章權才，《兩漢經學史》，臺北：萬卷樓圖書公司，1995 年 5 月。

19. 章權才，《宋明經學史》，廣州：廣東人民出版社，1999 年 9 月。

20. 葉國良，《宋人疑經改經考》，台北：國立台灣大學出版社，1980 年 6 月版。

21. 劉師培，《經學教科書》，上海：民國叢書第二編，據寧武南氏校版影印，上海書店 1990 年版。

22. 劉起釪，《尚書學史》，北京：中華書局 1989 年版。

23. 蔣秋華，《宋人洪範學》，台北：國立台灣大學出版社整理叢刊，1997 年 6 月初版。

24. 錢穆，《兩漢經學今古文評議》，台北：東大圖書公司，1983 年版。

25. 顧頡剛，《尚書研究講義》四冊，上海：上海開明書店，1933 年版。

（二）史　學

1. 丁傳靖輯，《宋人軼事彙編》，台北：台灣商務印書館 1982 年 6 月版。

2. 余英時，《中國思想傳統的現代詮釋》，台北：聯經出版社，1996 年 9 月版。

3. 余英時，《歷史與思想》，台北：聯經出版社，1976 年 9 月版。

4. 杜維運，《史學方法論》，台北：聯經出版社，1987 年 3 月版。

5. 昌彼得、程元敏等編，《宋人傳記資料索引》，台北：鼎文書局，1986 年初版。

6. 金中樞，《宋代學術思想研究》，臺北：幼獅文化事業公司，1989 年 3 月版。

7. 金毓黻，《宋遼金史》，臺北：臺灣商務印書館，1991 年 4 月版。

8. 蔣復璁，《宋史新探》，臺北：正中書局，1975 年 2 月版。

9. 王德毅，《宋史研究論集》第二輯，臺北：鼎文書局，1972 年 5 月。

10. 柯恩（Paul A. Cohen）撰，林同奇譯，《在中國發現歷史》，臺北：稻香出版社，1991 年 8 月。

11. 柯靈烏（Robin George Collingwood）撰，陳明福譯，《歷史的理念》，臺北：桂冠圖書公司，1987 年 10 月。

12. 陳登原，《國史舊聞》，台北，大通書局，1971 年 4 月版。

13. 劉子健，《兩宋史研究彙編》，台北：聯經出版社，1987 年 11 月版。

14. 劉起釪，《古史續辨》，北京：中國社會科學出版社，1991 年 8 月版。

15. 錢穆，《秦漢史》，台北：聯經出版社，1985 年版。

16. 羅家祥，《北宋黨爭研究》，臺北：文津出版社，1997 年 4 月版。

17. 饒宗頤，《中國史學上之正統論》，臺北：丹青圖書出版公司，1979 年 10 月初版。

18. 顧頡剛，《古史辨》七冊，台北藍燈文化公司，1987 年版。

五、學術／思想／文獻學

1. 王欣夫，《文獻學講義》，臺北：臺灣商務印書館，1992 年 1 月版。

2. 昌彼得，《中國目錄學》，台北：文史哲出版社，1991 年 10 月版。

3. 昌彼得，《中國目錄學資料選集》，台北：文史哲出版社，1984 年 1 月版。

4. 周彥文，《中國文獻學》，台北：五南書局，1996 年初版。

5. 周彥文，《中國目錄學理論》，台北：學生書局，1985 年 9 月初版。

6. 姚明達，《中國目錄學史》，臺北：臺灣商務印書館，1978 年 2 月版。

7. 徐復觀，《中國思想史論集續篇》，台北，時報文化出版，1982 年 3 月初版。

8. 徐復觀，《兩漢思想史》，臺北：學生書局，1989 年 9 月初版。

9. 徐復觀，《學術與政治之間》，臺北：學生書局，1985 年 4 月版。

10. 張心澂，《偽書通考》，臺北：鼎文書局，1973 年 10 月。

11. 張舜徽，《中國文獻學》，台北：木鐸出版社，1996 年初版。

12. 梁啓超，《中國近三百年學術史》，臺北：里仁書局，1995 年 2 月。

13. 梁啓超，《先秦政治思想史》，《民國叢書》第四編，1991 年 8 月版。

14. 陳啓天，《中國法家概論》，民國叢書，上海書店影印本，1992 年。

15. 劉汝霖，《漢晉學術編年》，台北：長安書局，1979 年版。

16. 錢穆，《中國近三百年學術史》，臺北：東大圖書公司，1978 年 7 月初版。

17. 錢穆，《國史大綱》，臺北：臺灣商務印書館，1972 年 8 月版。

18. 錢穆，《中國學術思想史論叢》一至五冊，臺北：東大圖書公司。

19. 顧頡剛，《秦漢的方士與儒生》，台北：里仁出版社，1995 年 2 月版。

六、期刊論文

1. James T.C.Liu, Wang An shih（1021～1086）and his New Policies Harvard University Press 1959

2. Williamson, Henry Raymond　Wang An shih a Chinses statesman And eductioinalist of the Sung Dynasty Hyperion press, inc. 1973（1989）

3. 于大成,〈王安石三經新義〉,台北:《孔孟月刊》第十一卷第 1 期,1972 年 2 月。

4. 于大成,〈王安石著述考〉,台北:《國立中央圖書館館刊》,新一卷第 3 期,1968 年 1 月。

5. 白敦仁,〈論王安石洪範傳及其熙寧新學的歷史地位〉,四川:成都大學學報,1992 年。

6. 林敬文,《王安石研究》,臺北:臺灣師大國文所 1979 碩士論文。

7. 夏長樸,《王安石的經世思想》,台灣大學中文研究所碩士論文,1980 年出版。

8. 程元敏,〈三經新義與字說科場顯微錄〉收入《三經新義輯考彙評(一)尚書》下編。臺北:國立編譯館,1986 年 7 月初版。

9. 姚瀛艇,〈宋儒有關於周禮的爭議〉收入林慶彰編《中國經學史論文選集》下冊,臺北:文史哲出版社,1993 年 3 月初版。

10. 陳植鍔,〈從疑傳到疑經—宋學初期疑古思潮論述〉,收入林慶彰編《中國經學史論文選集》下冊,臺北:文史哲出版社,1993 年 3 月初版。

11. 黃復山,《王安石字說之研究》,台灣大學中文研究所碩士論文,1981 年出版。

12. 黃復山,〈王安石三不足說考辨〉,《漢學研究》,1993 年 6 月,11 卷第 1 期。

13. 劉銘述,〈王安石字說源流考〉,國立北平師範大學月刊第 2 期,1933 年 1 月版。

14. 鄭涵,〈北宋洪範學簡論〉收入林慶彰編《中國經學史論文選集》下冊,臺北:文史哲出版社,1993 年 3 月初版。